管理的历史维度

Historical Dimension of Management

宫玉振 著

北京大学出版社
PEKING UNIVERSITY PRESS

图书在版编目（CIP）数据

管理的历史维度 / 宫玉振著. —北京：北京大学出版社，2016.10
ISBN 978-7-301-27572-6

Ⅰ.①管… Ⅱ.①宫… Ⅲ.①管理学—文集 Ⅳ.①C93-53

中国版本图书馆 CIP 数据核字（2016）第 225707 号

书　　名	管理的历史维度 GUANLI DE LISHI WEIDU
著作责任者	宫玉振 著
责任编辑	贾米娜
标准书号	ISBN 978-7-301-27572-6
出版发行	北京大学出版社
地　　址	北京市海淀区成府路 205 号　100871
网　　址	http://www.pup.cn　新浪微博：@北京大学出版社
电子信箱	em@pup.cn　QQ：552063295
电　　话	邮购部 62752015　发行部 62750672　编辑部 62752926
印刷者	北京中科印刷有限公司
经销者	新华书店 880 毫米 ×1230 毫米　A5　8.75 印张　195 千字 2016 年 10 月第 1 版　2023 年 4 月第 3 次印刷
定　　价	42.00 元

未经许可，不得以任何方式复制或抄袭本书之部分或全部内容。
版权所有，侵权必究
举报电话：010-62752024　电子信箱：fd@pup.pku.edu.cn
图书如有印装质量问题，请与出版部联系，电话：010-62756370

序 Preface

自从 2004 年加入北京大学国家发展研究院之后，我先后为 EMBA、MBA 和经济学双学位的学生讲授了大国国家发展战略、中国传统文化中的领导力、竞争战略与执行力（与胡大源教授合作）、困境中的决策与领导力（与胡大源教授合作）等课程。2013 年以来，又在教学之余，先后应邀为《商业评论》《看历史》《新金融观察》以及"新华网·思客""腾讯·大家"等杂志、报纸、网站撰写专栏文章。文章都是教学过程中的一些感想，拉拉杂杂写来，几年下来积少成多，竟然也有了十余万字，于是便有了这本《管理的历史维度》。

中国史学有一个很好的传统，就是关注治乱兴衰。用司马迁在《史记·太史公自序》中的话说，是"究天人之际，通古今之变，成一家之言"。应该说，读史最大的好处，大概是可以帮助我们跳出一时一地的思维局限，而从长的历史时段来揭示上到国家、下到企业的组织管理过程中，影响组织兴衰治乱的深层因素，从而可以帮助管理者把握哪些东西是可以持续的，哪些东西只是一时

管理的历史维度

的喧嚣而已。

收在这本书中的文章,分为"国家发展""战略决策与执行""团队打造"以及"领导力"四个部分。这些文章的共同之处在于,都是从历史包括军事史与战争史的角度出发,探讨上述领域中一些不变的主题。这些主题在管理学界其实早就有了无数优秀的研究成果,我所做的工作,仅仅是试图从历史这个特定的维度,来重新审视这些主题,从而为管理者的思考增加一些纵深的感觉而已。这也是这本书的书名"管理的历史维度"的由来。

本书付梓之际,我要衷心感谢《商业评论》的副主编刘雪慰、《看历史》的前主编赵婕、《新金融观察》的主编李香玉、"新华网·思客"的主编李晓云、"腾讯·大家"的编辑赵琼。北京大学出版社的孙晔副社长、陈健主任、贾米娜编辑为本书的出版做了大量的工作,在此一并致谢。当然,本书的问题和不足概由本人负责。

还需要说明的是,这些文章当初是分散发表的,如今辑成一册,同一主题的文章,不免会有个别表述相同之处。为了保留文章的原貌,大多数没有处理,这也是需要读者谅解的。

是为序。

宫玉振
2016年9月

目录

国家发展 001

无法持续的盛世：中国古代国家治理的特殊困境 003

竞争与垄断：历史上中西方不同国家发展机制的形成 007

制度重要还是技术重要：航海时代中西方海上力量的不同命运 011

核心挑战、历史节点、路径依赖：理解国家发展的三个维度 015

古代中国国家发展的地理环境与战略主题 020

国家发展过程中的初始条件与路径依赖：以英法为例 024

政策选择与历史分岔：国家发展路径选择中的偶然性因素 028

无法告别的革命：法国政治历史中的不妥协传统 032

一个阶层的短视：贵族在法国大革命中的角色 036

税收协议、制度安排与政治演进：普鲁士国家的军事化之路 040

自由主义的失败：理解19世纪德意志国家发展的一个视角 044

领土扩张下的制度安排：俄国历史上专制传统的形成 048

制度的陷阱：西班牙帝国错失的历史机遇 052

迷失在信仰之中：西班牙衰落的另一视角 056

自西徂东：自由主义在欧洲的传播及命运　060
为什么是日本：西方冲击下中国与日本的不同反应　068
失去的二十年：日本奇迹背后的制度陷阱　072
文明人如何打败野蛮人　076

战略决策与执行　081

穆罕默德困境：最优的战略为何反遭放弃　083
加里波利战役：如何成功搞砸一个伟大的战略　087
皮克特式的冲锋：Zune 败于 iPod 的背后　092
施利芬计划：你无法保住一切　097
麦克阿瑟与杜鲁门的终极对决：粉丝并不如你想象得那么靠谱　101
霍去病与马云：MBA 教育有用吗？　106
不幸的李德与幸运的刘亚楼：MBA 什么时候有用　111
四渡赤水：那些伟大决策背后的试错与学习　118
安庆会战：曾国藩的战略定力　122
希特勒的直觉：从独具慧眼到自我毁灭　127
如何复兴衰退的企业：企业振衰起敝四步曲　132

团队打造　141

长征启示录：逆境中你得这样带团队　143
是谁毁掉了张灵甫：一个失败的中国式管理标本　149
制度设计为何重要：湘军团队精神的由来　153

湘军是如何炼成的？曾国藩打造团队的五大要素	157
成吉思汗：帝王级创业的四个必杀技	164
所有的正规军都曾经是游击队：从毛泽东井冈山创业谈起	170

领导力 175

向品格致敬：来自《美国陆军领导力手册：在任何形势下实施领导的技能、策略与方法》的启示	177
曾国藩：中国传统文化中的领导力	190
曾国藩的"拙"式领导力	207
大清模范官员吴文镕之死	226
曾国藩与中国人的历史信仰	236
从曾国藩为官看中国式领导力	243
本土领导力的当代含义	251
一灯照隅，万灯照国：从纵横坐标中寻找中国商道的当代定位	263
此心光明，世界便一同光明	267

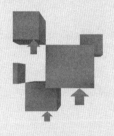

管理的历史维度

国家发展

无法持续的盛世：
中国古代国家治理的特殊困境 [1]

中国历史上曾经出现过多次盛世，如文景之治、贞观之治、康乾之治，等等。辉煌的盛世是所有中国人最引以为傲的回忆。然而王朝不断循环的现实表明，中国历史上再伟大的盛世也只能维持一时。那些无法持续的盛世，折射出来的是中国古代国家治理中的特殊困境。

中国古代国家治理的第一个困境，是集体性腐败所导致的王朝政治的周期性紊乱。

秦朝二世而亡的历史表明，统治者对百姓横征暴敛、竭泽而渔，带来的往往是王朝的速亡。因此历史上那些明智的统治者都会以轻徭薄赋、量入为出为基本国策，避免对百姓的搜刮过度。这就是所谓的"仁政"。中国历史上的盛世，往往被认为是实施"仁政"的结果。然而"仁政"的前提是君主与官僚必须进行自我约束，以"明君贤臣"的标准来要求自己，所以明智的统治者一定是强调"为

---

[1] 本文刊于《看历史》2014年第11期，"新华网·思客"2014年12月10日，《北京日报》2014年12月15日，转载时有修改。

政以德"的。然而在现实的政治中，对于拥有绝对权力的君主来说，道德的约束力永远是有限的。缺乏权力的制约，缺乏高于王权的法律，君主可以随意地剥夺任何人的生命与财产。只要他愿意，没有任何力量能够制止他穷奢极欲、大兴土木。对于官员来说同样如此。尽管官员被要求清正廉明，但道德的自律无法约束官员的逐利冲动，无法防止官场腐败的蔓延，而官场集体性腐败的结果是统治成本的不断上升和治理效率的不断下降，最终使整个社会无法正常运转。以道德的自许始，以腐败的结果终，这个剧情几乎在历代王朝都不断地重复上演。

中国古代国家治理的第二个困境，是人口增长所导致的周期性土地危机，进而导致周期性的社会失序。

土地占有相对平均、百姓可以安居乐业，这是形成盛世的基础，而盛世的结果必然是士民繁庶、人丁兴旺。但是，土地总是相对有限的，盛世所带来的人口增加，必然会带来土地的紧张。再加上禀赋、机会、权力等因素的差异，在社会发展的过程中不可避免地会产生贫富的分化。在土地是主要的社会财富的时代，贫富分化的直接表现形式就是土地向特定人群不断集中。当土地集中由于人口的增加而进一步加剧的时候，越来越多的农民就会失去土地而变成流民，由此产生严重的社会问题，引发社会的失序。为了应对失序的社会，王朝往往就不得不打破过去奉行的轻徭薄赋、量入为出的政策，开始实施强征，而强征又必然会引发更大的社会矛盾，于是每个王朝都挥之不去的噩梦——周期性的农民起义传统便开始形成。动荡与破坏导致王朝更替、人口下降,人口和土地的矛盾得以缓和。然而也就是在这一过程中,旧王朝的鼎盛最终成为追忆,人们开始在新的王朝中期盼着又一轮盛世的出现。

中国古代国家治理的第三个困境,是承平日久所导致的军事力量的周期性衰败。

几乎所有新的王朝都是依靠武力来建立的,军队是历代王朝维持统治的基础。然而一旦盛世来临,暗淡了刀光剑影、远去了鼓角铮鸣,军队战斗力的维系便会面临巨大的挑战,出现所谓的武备渐弛。更重要的是,历代王朝出于控制军队的需要,往往会采取"以文制武"的策略,把军事力量纳入庞大的官僚体系之中,其结果是导致军事力量本身的官僚化,而这又会进一步导致军队体制的僵化与内部管理的腐败化,从而使军队一步步丧失战斗力,由此历代王朝的军事力量也就很难摆脱周期性衰败的宿命。如明代的军队在明初的时候有相当强的战斗力,然而到正统年间已经"手不习攻伐击刺之法,足不习坐作进退之宜,目不识旗帜之色,耳不闻金鼓之声"(刘定之:《建言边务十事疏》,《明经世文编》卷四十八),到崇祯年间更是"矢折刀缺,闻炮声掩耳,马未驰辄堕"(熊廷弼:《严敕各镇精选援兵疏》,《筹辽硕画》卷三十),以至于"举天下之兵,不足以任战守"(《明史》卷二百五十二,《王章传》)。八旗军在清初号称"劲旅",然而入关之后,随着战事的减少,军队的战斗力迅速下降,其衰败在康熙年间平定三藩之乱时已经充分暴露出来,乾隆年间更是出现了检阅时"射箭,箭虚发,驰马,人堕地"(《清仁宗实录》卷三十八)的可笑场面。八旗军衰败之后,绿营成为清政府维持统治所依赖的武装力量,然而随着时间的推移,绿营也日趋衰败,到了道光年间的鸦片战争和咸丰年间的太平天国起义时,身为国家正规军的绿营已经是不堪一用了。军事力量的衰败导致的是统治者失去应对内忧外患的基本能力,一旦社会出现大的动荡,盛世外强中干的真相就会一下子暴露出来,王朝也就会随之进入一个新的循环周期。

竞争与垄断：
历史上中西方不同国家发展机制的形成[1]

加州学派的代表人物之一、著名华裔史学家王国斌先生在比较中西国家发展的不同时曾说："欧洲从未丧失其多国体系，而中国则未能真正经历过永久的分裂。"

欧洲的文明，从一开始便表现出其分裂性。这一点在古希腊时期就已经非常明显。希腊文明发展出来的是城邦体系，而城邦体系的根本精神，用顾准的话来说，"是完全的主权和完全的独立"。城邦之间根深蒂固的排他性，使得希腊无法走上政治统一的道路，并最终倾覆了本来就并不稳固的雅典同盟。城邦体系虽然后来遭到毁灭，但政治地理的分裂与冲突这一特点，却被此后的西方文明继承了下来，成为西方文明的一个重要的"基因"。西方世界并非没有发展出帝国体系，然而在以分裂为政治地理深层结构的西方世界中，几乎所有帝国的基础都是不稳固的，一旦崩溃，即难以再生。罗马帝国崩溃以后，西方文明即分裂为无数的中世纪封建国家。近代民族国家的出现进一步强化了西方世界内部的冲突与敌对。因此，政治地理的分裂，是西方世界体系的常态；多元政治实体——希腊罗

---

[1] 本文刊于《看历史》2013年第7期。

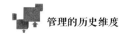
管理的历史维度

马时代的城邦国家、中世纪的封建国家、近代的民族国家——之间的竞争与冲突,是西方历史的主题。

我们可以把这样一种体系称为竞争性体系。在这样一个优胜劣汰的竞争性体系中,任何一个政治实体要想生存和发展,就必须积极寻找有利于自己的变动。那些可能会使自己的实力得以发展,从而有利于压倒对手、打破既有竞争格局的变革和力量,总是受欢迎的,而商业和军事总是社会中最活跃的力量。由此在欧洲国家内部形成了一种影响深远的机制,那就是商业—军事的一体化,商业力量与军事力量结合起来,成为西方国家发展的基本动力机制:一方面,商业扩张向军事力量提出了要求,并为军事力量的发展提供了经济上的支持;另一方面,军事力量反过来又促进了商业的扩张,从而形成了商业扩张与军事发展之间不断自我循环的关系。商业扩张与军事发展之间的这种关系,是理解西方近代文明的关键。西方学者麦尼尔指出,由于军事—商业复合体的形成,"地球上没有其他任何一个地区像欧洲国家那样有效地维持自己的军队。除欧洲以外,也没有一个地方的武装部队掌握在同情或十分关心商人盈利的人手中。"商业和军事成为西方近代以来国家发展的基本力量,这就使得近代以来的西方国家发展表现出了极大的活力,出现了一系列的变革与创新,最后完成了向现代国家的转型。

古代中国自秦以来的国家体系,则是以专制王朝的大一统为特点的。基辛格曾说,中华帝国大一统的局面维持了两千年之久,事实上这个正统也曾有动摇的时候。战争在中国发生的频率不亚于欧洲,但中国的战争通常因争夺帝位而起,其性质多属内战,而且迟早且必然会导致新的中央政权出现。在东亚地区,当然也存在着中原王朝之外的势力,但周边的力量对于中原王朝只是补充性的,而形不成根本的挑战,相反,中原王朝与周边势力所形成的朝贡体系,反过来进一步巩固了以"天朝"为核心的东亚世界秩序的大一统特质。

由此我们可以把古代中国的国家体系视为一个垄断的体系。在这样一个体系下,专制王朝作为垄断者,心满意足地享受着垄断的利润,维持着垄断的局面,并警惕地监视着任何可能挑战垄断、引起变动的力量。

应该说,无论是中国还是西方国家,最容易挑战专制王朝垄断地位的有三种力量:贵族、商人和军队。而在中国,为了维护对体系的绝对垄断,这三种力量便成为中央政权的主要控制对象。从秦朝开始,中国逐步形成了一整套的制度安排。在政治上,出现了对贵族的打击,贵族作为一个独立的政治阶层在秦以后已经基本不复存在,取代贵族地位的是绝对听命于王权的官僚群体。在经济上,通过税收和行政的手段对商人进行抑制,使得商业仅仅维持在满足交换的基本职能的水平上,使商人形不成独立于行政控制之外的社会力量。在军事上,通过文官对军队事务的深度介入,军队本身变得官僚化,变成维护王朝统治的官僚机器的一部分。

在这样的制度安排之下,古代中国就不可能出现西方那种商业—军事的复合体,相反,在专制王权之下,通过以一整套的官僚体制为核心,来维持帝国统治所需要的基本秩序。这套体系提供了农业生产所需要的和平,使得古代中国人可以在生产力发展非常有限的情况下,通过强有力的集权手段,集中起巨大的社会剩余,从而在农耕时代创造出领先于世界的文明,取得了国人至今都为之感

管理的历史维度

到自豪的伟大成就。

然而，这套以"官僚—农业"复合体为特点的体系，本质上是以稳定而不是以发展为导向的，本身就蕴含着对创新与变革的排斥的机制，因为创新与变革带来的一定是对垄断体系的破坏。由此在秦朝以后的两千年历史中，中国历代王朝过多地把精力和资源用在了保持和加强社会的一元与稳定上。尽管两千年间古代中国并非不存在制度的变迁，但这种制度变迁并没有突破秦朝时所形成的基本框架，这也就是谭嗣同所说的"中国两千年之政，秦政也"。中国社会为之付出了惨重的代价，那就是失去了社会发展的持续活力，在经历了千年的辉煌之后，便陷入了相对的停滞之中，直到鸦片战争爆发，中国依然停留在中世纪的僵化之中而不可自拔。为此，近代以来的中国人，不得不面临着在西方的冲击之下进行艰难转型的挑战。

制度重要还是技术重要：
航海时代中西方海上力量的不同命运[1]

英国科技史家李约瑟对航海时代开始时中西之间海上力量进行了一番比较后感慨地说："在中国的黄金时代，约公元1420年，明代的水师在历史上可能比其他任何亚洲国家都出色，甚至较同时代的欧洲国家，乃至于所有的欧洲国家联合起来，都可说不是她的对手。"

今天我们有足够的史料可以支持李约瑟的观点。我们甚至只需要举出这样一个事实就可以：1405年郑和第一次开始远航时，他的船只的排水量达到1 500吨，他的船队由240多艘船组成，船员达到27 400多人。而80多年之后出发的哥伦布的船队，船只的最大排水量为300吨，船队由3艘船只组成，船员一共有88人。

当大航海时代开始的时候，中国人在技术上显然占据了绝对的优势。然而仅仅几十年之后，中国人却出人意料地退出了印度洋和阿拉伯海，而西方一步步地主导了整个大洋，进而主导了整个世界。1500年，由此成为中国与西方不同历史命运的一个分水岭。

当我们从大历史的角度来分析这个事件时，在这种戏剧性的

---

[1] 本文刊于《看历史》2013年第8期，"新华网·思客"2014年12月19日。

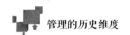

结局的背后,看到的却是另一种景象,那就是:航海时代开始的时候,西方形成的是一种与中国截然不同的海外扩张机制,从而弥补了西方在航海技术上与中国的巨大差距。

首先是所处体系的不同。古代中国所处的是大一统的体系,而西方自中世纪以来形成的是竞争的体系。在大一统体系下,中国历代王朝的战略重心,必然要放在内部秩序的维持上,向外的扩张则极易导致文明的重心失去平衡,导致社会秩序的崩溃,因为所有的扩张都是不可持续的。而在西方的竞争体系中,每一个政治实体都在寻求有利于自己的变动:海外扩张代表了新的压倒对手的向侧翼发展的机会,很容易被君主接受;而一个国家采取了海外扩张的行为,其他国家必然会纷纷跟进,因为在竞争的体系下,别人的所得就是自己的所失,从而在海外扩张上形成了一种新的国家之间的竞争,由此也就使西方在海外扩张上表现出强烈的进取性。

其次是动机的不同。郑和的远航主要是出于宣扬天朝国威的政治目的,而西方的扩张从一开始就主要是出于经济的动机。寻找黄金、寻找香料,改变西方在贸易上的不利地位,进而获取巨大的海外利益,是西方海外扩张的直接动机。出于政治目的的郑和远航,对于明朝政府来说意味着财政上的纯粹开支。黄仁宇认为,永乐年间郑和下西洋的花费约为600万两白银,相当于当时国库年支出的2倍,这还不包括造船和修船的费用。这样的消耗是任何一个好大喜功的帝王都无法维持下去的。而哥伦布的远航带来的却是巨大的回报:虽然他的3艘船最终仅有1艘安全回到了欧洲,但仅这艘船所带回的香料,其价值就相当于整个航行成本的60倍之多。经济上得到的巨大回报,必然会引发更多、更大规模的扩张,从而在西方形成了一种越来越强大的扩张动力，正是这种动力最终驱动着西方人走遍全球的每个角落。

再次是价值观的不同。中国的儒家思想强调的是"德化""来远"，是"四夷来朝"，而基督教却带有强烈的文化扩张与征服色彩。扩大上帝的影响，是所有基督徒的使命。宗教的狂热使海外扩张得到主流价值的支持，尤其是教皇的鼓励更使得探险成为上帝庇佑的事业。这使西方的海外扩张事业具有了强大的精神动力。

最后是组织形式的不同。郑和的远航是由皇帝决策、国家组织、官员领导的，是一种典型的行政主导下的公共工程。行政主导下的公共工程可以不计成本，可以凭借强大的中央权力调动资源办成大事，但往往会因为一个行政命令而启动，也会因为另一个行政命令而中止。西方的航海却是通过国家与私人合作的形式完成的。国王往往会颁发特许状给私人探险者，授予他们代表国家的权力，给他们提供必要的资金、船只和船员作为资助，同时允许他们获得在海外所发现的财富；而探险者作为个人则奉献知识和生命来完成冒险事业。这对于个人来说，意味着只要付出很少的资金，只要敢于冒险就可以得到梦寐以求的荣誉、地位与财富；对于王室而言，则不用付出多大的代价就可以得到主权这个最大的收益。由此就达到了道格拉斯·诺思所说的个人收益和社会收益的统一：个人利益和国家利益在海外扩张上取得了完全的一致，由此将整个社会的扩张活力充分释放了出来，具有强大的持续性。

竞争环境下向侧翼发展的政治需要，对黄金、香料和扩张所带来的商业利益的渴求，基督教的强烈的扩张冲动，国家与个人所形成的完美合作，这四种原因驱使下的扩张的机制与郑和那种出于政治的目的并以行政主导为本质的远航是完全不一样的,其结局也必然是不一样的。当今天的我们为郑和舰队的强大而深感自豪、为中国在 16 世纪年代错失历史的机遇而倍感惋惜时,或许我们更应该对导致这种结果的深层原因进行深入的反思。显然,对于国家的发展来说,制度的安排要比单纯的技术优势更加重要。

核心挑战、历史节点、路径依赖：
理解国家发展的三个维度 [1]

每个国家都有自己的发展路径，国家之间的不同性格正是由此而形成的。虽然同属欧洲国家，但英国和法国有很大的差异，法国与德国也有相当的不同，与西班牙亦有不同的轨迹，俄罗斯与英国、法国、德国、西班牙的区别更是明显。国家间的这种不同究竟是如何形成的？我们可以从哪些维度来理解国家的发展？

理解国家发展的第一个维度，是国家在发展初期所面临的核心挑战，以及为了应对这种挑战而形成的国家发展的优先事项。

不同的国家在发展初期所面临的核心挑战是不一样的。德国发展初期所面临的核心挑战，是其地理上的离散性所带来的地方割据化趋势。中世纪后期当欧洲其他国家开始向民族国家转型的时候，德国却走向了小邦割据的道路。长达数个世纪的分裂严重阻碍了德国的发展，国家统一由此成为德国发展的优先事项，近代德国军事化的国家性格就是在武力统一的过程中形成的。

---

[1] 本文刊于《看历史》2015 年第 3 期。

管理的历史维度

俄罗斯地处东欧平原,无险可守,由此形成了强烈的不安全感。尤其是蒙古的征服,给俄罗斯留下了深刻的历史记忆,所以俄罗斯一定要向外扩张,通过空间的不断扩张来尽量扩大自己的防御纵深,这就使得俄罗斯向外扩张的动力比任何国家都要强。俄罗斯以专制主义为核心的制度安排就是在不断扩张的过程中,为了保证对庞大国土的有效控制而一步步形成的。

早期的法国以王权的弱小为特点。有这样一个故事,有位法国国王曾经问自己的伯爵:是谁让你成为伯爵的?结果这个伯爵马上就回问了一句:那又是谁让你成为国王的?对王权的尊重在早期的法国几乎是不存在的,对国家的认同也是很微弱的。法国必须发展出强大的王权,因为这是民族生存的前提条件。所以早期法国的政治演进,就是围绕王权的不断强化而展开的。

德国需要的是国家的统一,俄罗斯需要的是安全的环境,法国需要的是强大的王权——不同的国家在早期发展过程中表现出的不同的相对优先性,是理解形成不同的国家发展道路的重要线索。

理解国家发展的第二个维度,是国家在发展过程中所发生的具有历史节点意义的关键性事件。

在国家的发展过程中,往往有一些当时看来偶然的、微不足道的历史事件,但从长的历史时段来看,却根本地影响了国家的政治演进方向,从而使国家走向了与其他国家不同的发展道路,这就是所谓的历史节点。

英国的历史节点之一是 1215 年,这一年约翰国王与贵族们签订了《大宪章》。在当时的人们看来,《大宪章》无非是贵族们趁战胜之威，迫使约翰国王放弃了不经贵族同意就自行征税的权力，以保护自身的利益，但从日后的历史演进来说，却是英国走上与其他国家不同发展道路的一个关键：历史上王权首次被置于法律之下。正是由于《大宪章》的签订，英国开始了影响深远的"王在法下"的政治传统，并最终演化为历史上第一个宪政国家。

法国的历史节点之一是1370年。这一年法国国王亨利五世与贵族们达成协议，贵族和教士免税，国王则享有在全国范围内征收人头税的权力。这一协议在当时看来无非是国王和贵族之间的暂时的妥协：贵族取得了免税的权力，国王得到了所需要的税收。然而法国的政治演进却因此走上了与英国不同的道路：王权因为取得了不受约束的征税权力变得越来越强大，最终在法国确立了绝对君主制的政体。

德国（严格来说是普鲁士）的历史节点之一应该是1653年。这一年大选帝侯威廉与容克贵族们达成了《议会协定》。威廉以允许贵族们随意地在各自的领地范围之内征收封建租役等为条件，获得了容克贵族的许可，可以在全国范围内征收军事税。威廉征收军事税的直接目的是建立一支强大的军队，然而从日后的历史演进可以看出，这一举动奠定的是整个普鲁士专制王权的基础。中央集权作为一种有效的政治组织形式，由此在普鲁士被建立了起来。

理解国家发展的第三个维度，是国家在发展过程中一旦确定一种制度安排，便会出现所谓的路径依赖。

国家的发展路径一旦选定，就往往会受制于路径依赖的规律，在以后的发展进程中不断自我强化，甚至在一定的时期内会使国家

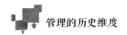

发展陷入制度锁定之中。

　　荷兰的崛起与其商业传统和城市自治传统是密不可分的。这是一个以商业立国的国家，国家的繁荣靠的就是商业力量。为了商业和贸易的发展，荷兰进行了一系列的制度创新，从而充分释放出了资本的力量。然而荷兰的兴起本质上是自治城市的兴起，荷兰本身就是由下而上联合而成的国家，地方利益永远是第一位的，商业利益永远凌驾于国家利益之上。当年成就了荷兰的自治传统，却毁掉了荷兰转型为一个高效的民族国家的可能，最终使荷兰的繁荣无法维持下去。

　　对天主教的信仰是理解西班牙历史不可或缺的主线。是天主教激励西班牙人进行了长达7个世纪的从摩尔人手中收复失地的运动，是天主教锻造了西班牙的民族主义，是天主教使西班牙成长为一个统一的国家，是天主教为西班牙人的海外探险提供了强大的精神动力，并最终使西班牙因为地理大发现而成为揭开世界历史新一页的幸运儿。然而西班牙建国以后，也正是对天主教至高无上的信仰，使其在商业发展、文化政策、对外战略上都出现了一系列的失误，最终衰落。

　　容克贵族在德国的发展过程中扮演着至关重要的角色，德国在普鲁士主导下的统一就是由容克贵族完成的，统一的德国由此形成了以容克贵族为核心的一整套制度安排。容克贵族为德国的发展和繁荣提供了基本的秩序，然而当容克贵族的价值观念成为社会的主导性价值时，德国的国家发展方向也就为容克贵族所绑架，最终使德国走向了毁灭性的军国主义的道路。

　　制度安排往往是为了应对某种具体的挑战而形成的，但特定的制度安排一旦形成，往往就会服从于所谓的路径依赖，甚至使国家发展陷入制度锁定的困境中。尤其是当特定利益集团的利益或特定的意识形态与这种制度安排密切相关的时候，制度转型就会变得更加困难。这是历史上国家发展出现停滞的重要原因之一。

古代中国国家发展的地理环境与战略主题[1]

大型人文纪录片《当卢浮宫遇到紫禁城》中,有这样一个非常有意思的情节:同为那个时代世界上最伟大的统治者,中国的乾隆皇帝与法国的拿破仑皇帝在画家笔下的形象完全不一样:拿破仑皇帝喜欢画家把自己描绘成战神,而乾隆皇帝则更愿意画家把自己描绘成文人。

两位统治者形象的截然不同,代表的是中国与西方在国家发展上发展逻辑、发展重心、发展模式以及价值取向的不同。而这些不同,又首先应该追溯到双方在地理环境与战略主题上的差异。

狄奥多尔·罗普(Theodore Ropp)有一句名言:"地理是战略的核心。"地理环境是影响一个国家发展模式形成的最稳定的因素之一,文明的生存与发展模式在很大程度上取决于其地理条件。地理条件构成一个国家发展最大的初始条件和制约因素。

古代中国的地理环境有三个基本的特征。首先,古代中国具有相对的封闭性。这一点我们都很熟悉:古代中国的西南是喜马拉雅山,西北是帕米尔高原,北边是戈壁、沙漠,东边和南边是茫茫大海,从当时的交通条件来讲,这是相对与世隔绝的区域。古代中国

---

[1] 本文刊于《看历史》2013年第6期。

本身就形成了一个独特的世界体系,是一个独立的"天下"。这就是梁漱溟先生所说的古代中国人"天下"意识远远超出"国家"意识的原因之所在。

其次,古代中国所在的地理空间,具有整体的统一性。古代中国把东亚大陆地区最适合农耕的这片大陆基本上都纳入自己的版图之中,形成了以农耕文明为主体的发展模式。而外部的封闭使得中国文明具有一种向心的力量,即使是周边的游牧民族往往也参与到中原地区的角逐之中。在这种情况下,大一统的格局必然会成为古代中国国家发展的重要特征之一,主体的统一必然成为中国历史的深层政治结构。

最后,古代中国的地理空间有一种局部的独立性:高原、戈壁、沙漠,以及江河、高山的隔断,使得每每在中央王朝权力衰微的情况下,便会有一些地区出现暂时的独立发展,如春秋战国的分裂,如魏晋南北朝的鼎立,如五代十国的割据。但这种局部的独立性,最终又要服从于整体的统一性,这就是所谓的"合久必分,分久必合"。中国历史上总体的统一和暂时的分裂之间是一个不断循环的过程。

在这样的地理环境中,产生了两种影响中国历史基本走向的力量:农耕民族和游牧民族。农耕民族和游牧民族之间的关系构成了中国历史的一个重要内容。由于中国地理的相对封闭性,北方地区兴起的游牧民族向外发展比较困难,向中原发展却是非常轻松的事情,而中原富裕而温暖的农耕地区对游牧民族总是具有巨大的吸引力。游牧民族的骑射优势又使得其在战争进入火器时代之前,一直对农耕民族形成巨大的军事压力。所以从西周一直到清代前期,来

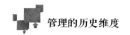
管理的历史维度

自北方的边患往往是中原统治者必须应付的大事。

这就使古代中国出现了三个不同的重心,即军事重心、政治重心、经济重心。南宋之前,三个重心基本还是重叠的。但隋唐以后尤其是南宋以后,随着中国经济重心的南移,三个重心便呈现出分开的局面。以长城和长江两条线为界,长江以南是中国的经济重心,所谓的"天下财富,半出江南";长城以北是中国的军事重心,所谓的"历代备边,多在西北";在长城和长江之间的中原是中国的政治重心,所谓的"逐鹿中原"。

这一历史事实给古代中国的发展造成了巨大的影响。来自北边游牧民族的压力迫使中国历代的王朝不得不把军事重心始终放在北方,而不能随着中国经济重心的南移而南移;同时,政治重心显然不能离军事重心太远,否则就会因军事重心偏离而出现割据和失控的情况,所以政治重心也一定是要在北方的。这既是戍边的需要,也是维护大一统格局的需要。

在这种情况下,古代中国注定只能是一个大陆帝国,而不可能发展成为一个海洋国家。陆上对北边游牧民族的防御需要,使历代王朝必须把大量的资源放在北方,而不可能去花大力气经营海洋。郑和的下西洋最后不得不让位于北边对于蒙古的防御的需要。

中国历史由此便呈现了两个明显的周期:一个周期是中原王朝周期性的兴衰,一个是游牧民族周期性的南下。而且随着历史的演进,第二个周期越来越被纳入第一个周期之中,两个周期最终越来越合二为一。像蒙古族、满族的南下,最后都以"入主中原"的形式被纳入中国王朝循环的历史之中,元、清也同宋、明一样,成为中国的正统王朝。这就是所谓的"夷狄入中国则中国之"。

在这样一种相对封闭、相对独立发展的空间中，天下兴衰，就构成了中国历史发展的一个战略主题。在古代中国人看来，正统的王朝兴替的过程，就是天下秩序兴衰的过程。王朝的兴起，代表着天下秩序的建立；王朝的衰败，代表着天下秩序的崩溃；而新王朝的崛起，则代表着天下秩序的重建。古代中国的国家发展，便是以天下秩序的"维持与重建"这样的主轴展开的。旧的王朝的战略重心在于"守天下"，而新的王朝的战略重心则在于"取天下"。但在古代中国，天下只有一个，天下的最高权力只有一个，这一点却是毫无疑问的。这样的国家发展模式，是在一元、整体的环境下展开的，它与西方式的在多元、冲突体系下展开的国家发展，必然会有极大的不同。

国家发展过程中的初始条件与路径依赖：以英法为例 [1]

英国学者巴里·布赞和理查德·利特尔在《世界历史中的国际体系》一书中说道："发展是由物质环境决定的，而且这些环境在人类祖先之间的分布已不平衡。"国家在发展过程中往往面临着不同的初始条件，在国家发展的早期，这些初始条件会对国家选择不同的发展路径产生深刻的影响。这种影响在一开始看起来可能是偶然的、微不足道的，然而国家的发展路径一旦选定，就往往会受制于路径依赖的规律，在以后的发展进程中不断自我强化，最终使国家之间的发展表现出越来越大的差异。

在影响国家发展的诸多初始条件中，地理环境所起的作用尤其明显，对理解不同发展模式的形成具有相当强的解释力。我们可以用同处西欧的英国、法国为例，来分析地理环境在国家发展路径选择与演化的过程中所扮演的角色。

英国是一个岛国，多山地、丘陵和高原，加上纬度较高，日照时间短，在发展种植业上并不具有优势。自中世纪以来，英国所形成的就是以畜牧业为主的经济结构，养羊业在中世纪英国的经济中

---

[1] 本文刊于《看历史》2013 年第 9 期。

一直扮演着重要的角色。这一特点决定了英国在中世纪无法发展成为法国那样的举足轻重的帝国。

然而当欧洲的贸易从地中海转向大西洋沿岸的时候,英国的地缘优势却充分显现了出来。英国正处于大西洋贸易的必经航道上,英国任何一个地方离港口的距离都不超过120公里,这显然非常利于海上贸易的发展。英国发达的畜牧业则使得羊毛和后来的毛纺织品构成了英国对外贸易的基础。所以英国从中世纪后期开始,就涌现出很多以贸易为导向的城镇,甚至很多贵族都投身于商业和海外贸易,出现了贵族商业化的趋势。

生机勃勃的商业活动为英国国王带来的滚滚的税收,构成了王室财政收入的主要支柱,这给英国带来的影响是革命性的。国王越来越意识到商业的价值：王室的利益取决于本国商业的繁荣,王室的权力依赖于本国商业的发展,王室的利益和商人的利益由此统一为英国的国家利益,而英国最大的国家利益就是向海外扩展自己的商业利益。用后来的一位英国政治家的话说："财富,这个国家真正的资源,靠商业。"所以当地理大发现带来的航海时代开始的时候,英国王室果断地采取了全力发展海上力量的政策,来为商业的海外扩张服务,最终使英国走上了海上霸权之路。

海外贸易与商业力量的成长在社会和政治上带来更大的影响,那就是英国的社会流动及政治变动。传统的土地贵族日益衰落,而实力日益强大的中产阶层在英国得以出现。商业贸易在很大程度上改变了英国的政治格局,新兴的商人阶层必然要求更多的权力,新兴的富有商人由此成为英国17世纪制度变革的主力军。在王权与商人的博弈过程中,国王一步步地让渡出了越来越多的权力,英国的

政治也一步步地走上了近代宪政之路。英国商人阶层的兴起，推动的是英国代议制的演进与完善。

与英国不同，法国是一个大陆国家。法国的国土以平原为主，这给法国农业带来丰富的耕地；法国的气候也得天独厚，这使得法国具有发展农业的天然优势。因此中世纪以后，法国的农业便是西欧国家中最为发达的，并最终在路易十四时代使法国的国力达到了辉煌的顶峰。法国也因此形成了一种以农业经济为基础的国家发展模式。

法国并非没有对外贸易，法国也发展出以南特、波尔多为基础的大西洋贸易区和以马赛为基础的地中海贸易区，但法国经济的主体却是农业，法兰西帝国的辉煌就建立在欧洲最为发达的农业经济之上。法国王室的利益在陆地而不是海洋。在陆地和海洋之间，法国的王室更看重的是土地的价值。因而历代的法国国王把更多的精力与资源用在了陆上的争霸战争中。而为了筹措陆上争霸所需要的战争经费，法国的沿海商业地区又成为国王掠夺的目标，国王们冷酷无情地把这些商业地区变成了搜刮战争经费的来源，一旦战事来临，却往往又对这些地区的利益置之不理。沿海商业地区就只能独自承担着战争所带来的后果。频繁的战事使得这些地区在很长时间里都无法恢复元气，这对法国商业力量的发展无疑是灾难性的。

由于英法经济结构的不同，法国的税收也与英国不一样。英国的税收以商税为主，而法国的税收以人头税和农业税为主，后者显然是典型的农业大国的税收结构。问题是，人头税和农业税与商税相比，征收起来要困难得多，能够征收成功取决于能否建立起一套庞大的强制性国家机器。法国因此发展出了欧洲最强大的官僚队伍，而官僚体系则成为法国政治的核心，法国的行政力量也由此凌驾于整个社会之上。马克思曾经说，"在法国这样的国家，行政权支配着由50多万人组成的官吏大军，也就是经常和绝对地控制着大量的利益和生存；在这里，国家管制、控制、指挥、监督和监护着市民社会——从其最广泛的生活表现到最微不足道的行动，从其最一般的生存形式到个人的私生活；在这里，这个寄生机体由于极端的中央集权而无所不在、无所不知，并且极其敏捷、极其灵活"[1]。

由此，与英国贵族的商业化和商人阶层的迅速崛起不同，在行政权力主导一切的社会结构中，法国的贵族和商人却出现了官僚化的倾向。进入宫廷、取得宫廷的职位成为贵族朝思暮想的目标与追求，而商人们也为自己购买官僚的身份，或者依附于行政力量，却缺乏英国商人的冒险与创新活力。官僚体系由此构成了法国专制王权最稳固的支柱，商业力量的发展也无法突破这种刚性体制的束缚，最终使得法国人只能用暴力的手段来为自己的政治演进开辟道路，而无法走上英国式的渐进发展之路。

---

[1]《马克斯恩格斯文集》（第2卷），北京：人民出版社，2009年，第511—512页。

政策选择与历史分岔：
国家发展路径选择中的偶然性因素[1]

在《国家发展过程中的初始条件与路径依赖：以英法为例》中，我探讨了地理环境在国家发展路径选择与演化的过程中所扮演的角色。在这篇文章中，我还是想以英法为例，分析在一些关键的历史节点上，一些看似带有偶然性的政策选择，同样由于路径依赖规律的影响，从长的历史时段来看，是如何根本地影响了国家的政治演进的。

13世纪到15世纪，在英法之间的长期争夺中，同样是为了解决战争所带来的财政压力，两国的国王和贵族在博弈的过程中采取了不同的税收解决方案。围绕不同的解决方案，英法两国又形成了不同的制度安排，最终使得两国的历史发展出现了巨大的差异。

英国的正统历史是从诺曼征服开始的。在中世纪很长的一段时间里，英国国王实际上具有双重的身份：一方面是英国的国王，另一方面又是法国的诺曼底公爵。事实上一直到13世纪，几乎所有的英国国王都把重心放在法国大陆，与法国国王争夺对法国最终的控制权。

---

[1] 本文刊于《看历史》2013年第10期。

与法国频繁的战争给英国王室带来了巨大的财政压力。在号称英国历史上最不得人心的国王约翰在位期间（1199—1216），英国失去了在欧洲大陆几乎所有的领地。这位被后人称为"失地王"的约翰，为了维持与法国的战事，开始加紧对本土贵族和市民的盘剥。他强行把贵族们的继承税提高了100倍、兵役免除税提高了16倍。约翰王的举措激起了贵族们的愤怒，他们联合起来发动了讨伐约翰的战争。1215年，战败的约翰王与贵族的代表们在经历了艰难的谈判之后，签署了著名的停战宣言《大宪章》。

《大宪章》中有这样几条规定：如果没有全国公意的许可，国王不得征收任何的免役税和贡金；如果国王要征税，就必须召集贵族、教士、神父到指明的时间和地点召集会议，以便取得全国公意；任何自由人，没有经过法院的审判，都不得逮捕、监禁、没收财产、剥夺法律保护权、流放或者加以任何的损害。

在当时看来，《大宪章》的签署也许只是贵族们趁战胜之威，用剥夺国王自行征税的权力来保护自身利益的偶然事件，但从日后的历史演进来说，却是英国走上与其他国家不同发展道路的关键：历史上国王的权力被首次置于法律之下。正是由于《大宪章》的签订，英国开始了影响深远的"王在法下"的政治传统。

在《大宪章》签署后的43年后，也就是1258年，国王在贵族们的要求下又被迫签署了限制王权的《牛津条例》。1265年，英国召开了第一次议会，议会取得了决定征税、颁布法律的权力，由此又在英国形成了"王在议会"的传统。

在此后的英国历史上，虽然王权得到了相当大的发展，但所有的英国国王都明白一个道理，就是他们必须遵守三条规则：不经过议会的同意，国王不得立法；不经过议会的同意，国王不得征税；国王必须按照国家的法律来掌管行政。按照英国著名史学者沃尔特·塞西尔·理查森的话说："任何时候登上英国王位的最强大的王朝，只有当它不超出国家规定的限制的时候才是强大的。"即使在王权空前强大的都铎王朝时代，国王们也都明白一个道理，就是自己必须根据"正当法律程序"来进行统治，必须有议会的配合。英国的宪政传统正是由此一步步得以确立起来的。

在法国，与《大宪章》具有同样深远意义的历史事件发生在1370年。当时正值英法百年战争期间，为了抗击英国的入侵，法国迫切需要征集军费建立一支中央军队。1370年，法国国王亨利五世与贵族们达成了一个协议，那就是贵族和教士免税，以此为条件，国王得到了可以在全国范围内征收人头税的权力。

在当时的情况下，达成这样一个协议实际上也是国王和贵族之间的一种暂时的妥协：贵族取得了免税的权力，国王得到了所需要的税收，二者皆大欢喜。然而法国的贵族显然低估了这种安排的长远影响：由于贵族和教士取得了免税的权力，他们对于国王的征税事宜不再关心，法国的代议机构也就放弃了对税收的控制，而法国国王也就取得了不需要三级会议同意就可以征税的绝对权力，这就为法国王权走向强大开辟了通道。

法国的政治演进从此与英国走上了不同的道路。失去了税收控制权的法国代议机构变得越来越衰弱，而王权却因为取得了不受约束的征税权力变得越来越强大。到了国王路易十一的时候，法国的代议机构对国王的活动在政治上已经基本上不具有约束力。而到了国王路易十四的时候，最终确立了绝对君主制的政体。当"王在法下"成为英国政体的标志时,路易十四那句响亮的"朕即国家",则成为法国绝对主义王权的最好阐释。之所以出现这样的巨大差别,追根溯源,就是由于在当年的历史节点上,两个国家的国王和贵族围绕征税问题所做出的貌似偶然的不同政策选择。

无法告别的革命：
法国政治历史中的不妥协传统 [1]

近代以来法国的政治史，就是一部充满动荡的历史。1789年之后不到一百年的时间里，法国经历了四次大规模的革命，出现了两个帝国、两个王朝，还有两个共和国。巴黎一次又一次地成为起义、革命、政变的舞台。

同样是西方国家，近代英国的政治演进呈现出的是温和渐进的特征，通过光荣革命的形式建立起了稳定的宪政，而法国的政治演进却是以反复的动荡为突出的特点。为什么会有这样的不同？当我们今天重读这段历史时就会发现，在反复动荡的背后，是法国政治中所存在的由来已久的、与英国政治中的妥协大异其趣的"不妥协"传统。

近代政治发展的本质，是建立成熟的宪政体制，而宪政从本质上来说是一种契约安排，契约安排则是在交换过程中交换各方进行博弈的结果。用布坎南的话来说，政治学中契约主义的范式就是交换的范式。

英国是具有强大的商业传统的国家，商业交换的原则很大程

---

[1] 本文刊于《看历史》2014年第3期。

度上塑造了英国人的行为模式。商业交换的特点是各方都会从中获益,从而带来各方利益的最大化。但交换必须采取和平与平等的方式,需要一致同意,需要妥协和让步,为此就需要能够共同接受的规则,需要契约安排,而不能随意用暴力强制他人,否则必然会导致交换无法进行。这就是最基本的商业原则。

随着英国商业力量的崛起,这种建立在妥协、交换和契约基础之上的商业原则也渗入英国的政治领域,使得英国人在政治行为上很自然地采取了妥协、交换、订立契约的方式来达成目的。英国历史上至关重要的《大宪章》和"光荣革命"都是如此。《大宪章》是王权与贵族之间围绕权力和利益所达成的妥协,而"光荣革命"则是英国的王权与议会之间通过妥协的方式达成的政治上的契约,从而建立起了近代宪政的体制。

与英国不同,法国形成的是强大的农业传统。无论是对贵族还是对农民来说,在相当长的时间里,土地的产出都是相对固定的;在产出相对固定的情况下,分配过程中一方的所得必然意味着另一方的所失。贵族是暴力的拥有者,贵族天然地会选择依靠暴力的手段,强行在分配中占有最大的一份。贵族由此为社会提供了一个恶劣的先例:暴力是社会的最高仲裁者,贵族用暴力维护自己的特权,而农民一旦有机会,一定也会用暴力的方式来对付自己的主子。无论是哪一方,只要拥有了暴力的手段,都一定会将自己的权利伸张到极致,中间没有妥协的余地。

法国革命正是在这种逻辑之下展开的:贵族绝对不放弃自己的特权,最终引发了大革命,而面对毫不妥协的贵族,民众自然也就只剩下了一个选择,就是用暴力来摧毁贵族的旧特权。绝对的对立从一开始就注定了法国革命必然是你死我活的过程：对手的权力与利益是得不到尊重的，通过妥协与交换来达成"一致同意"是不可能的。没有退让，没有宽容，没有和解，"彻底""全部""打碎""决裂"成了人们最常用的口号。19世纪俄国革命家亚历山大·赫尔岑就曾经说过：1792年的人与众不同，就在于他们同整个旧制度决裂的彻底性；他们不仅谴责它所有的罪恶，而且否认它一切的优点。他们不想保留任何东西，他们要把罪恶的旧制度消灭得一干二净，以便建立一种全新的、纯洁无瑕的制度；他们不想做出任何妥协，他们不想让自己建立的新国家，对作为地基的废墟承担任何旧债。托克维尔也有这样一段评价：在前进当中备受阻挠，但又敢于无法无天地纵情发展的法国民主，横扫了前进途中遇到的一切障碍；凡能打倒的打倒之，不能打倒的动摇之；它完全不是一步一步地占领社会，以和平方式建立其对整个社会的统治的，而是在混乱和战斗的喧嚣中不断前进的。

这种"不妥协"带来的合乎逻辑的结果是，当一种势力一定要将其他的势力逼到绝境的时候，必然会引起后者的强烈反弹。于是革命必然引起旧势力的反扑，暴力必然孕育着新的暴力。革命、政变、新的革命、新的政变……用戴维·兰德斯的话说："它一直苦于不稳定和暴力，跌跌撞撞，从政变到政变，从爆炸到爆炸。"在反复的动荡中，法国在很长时间里无法建立起稳定的宪政体制，甚至无法为国家发展提供基本的秩序，由此形成了近代法国国家发展最大的悖论：一方面，法国在政治上充满了革命的激情；另一方面，却在经济上表现得非常平庸和乏力。

托克维尔曾经惋惜地表示：如果法国大革命不是把贵族完全打

翻在地，而是把贵族纳入法律的约束下，法国的民主也许会另有一番景象。可惜的是，革命时代的法国人最缺乏的就是妥协的精神。阿克顿勋爵有一句可能并不广为人知的名言："妥协是政治的灵魂，如果不是其全部的话。"政治本质上是妥协的艺术，只有学会妥协的民族，才是政治上成熟的民族。

一个阶层的短视：
贵族在法国大革命中的角色 [1]

读法国大革命史，会发现一个非常耐人寻味的现象，那就是贵族在大革命中的短视。正如法国学者乔治·勒费弗尔在《法国大革命的降临》一书中所指出的那样，这场引起整个法国陷入天翻地覆之中的大革命，最早其实是由贵族发起的；然而贵族发起的这场革命，最终毁掉的恰恰是贵族制度本身。贵族是革命的最早发起者，也是革命的最大受害者，为什么会发生这样的事情？

要理解这一悖论，我们得追溯到1370年法国国王与贵族之间达成的那个著名的协议。英法百年战争期间，为了筹措对付英国人的军费，法国国王亨利五世与贵族约定：以贵族和教士免税为条件，国王得到了可以在全国范围内征收人头税的权力。法国国王从此取得了不需要三级会议同意就能征税的权力，贵族和教士由此也取得了免税的特权。

后来的历史证明，这笔交易的最大受益者，是法国的王权。不受限制的征税权力最终为法国王权走向强大开辟了道路，而在征税问题上失去对国王的约束权的法国贵族，则一步步被王权降服，最

---

[1] 本文刊于《看历史》2014年第2期，"新华网·思客"2014年11月20日。

终成为王权的依附者。贵族们显然低估了失去税收控制权所带来的长远影响。法国贵族的短视,在这件事情上已经充分表现了出来。

在此后的历史岁月中,享有免税权力,对贵族来说似乎是天经地义的。然而情况到18世纪下半叶却发生了变化。由于连年的对外战争,法国的财政出现了巨大的危机,国王不得不靠举债度日。到18世纪80年代,法国每年仅偿还国债的利息就已经用去了预算的一半以上。每任财政大臣的首要任务就是想办法增加税收。然而,对民众的压榨已经到了极限,农民收入的4/5已经以各种名义被掠夺了过来,不可能再向他们开征新税。增加税收的唯一办法,就是向过去享有免税权力的贵族和教士们征税。

巨大的财政危机终于使14世纪以来贵族的免税权成为社会的焦点。人们突然发现:在法国,那些最有能力支付税收的人实际上并没有缴纳税款,而税收负担留给的是那些最没有能力承担的人。这是最大的社会不公正。如火如荼的启蒙运动更是使贵族这种特权的正当性遭到了破坏。

然而贵族却并不这样认为。免税是他们古老的特权,他们一定要保护自己的这一特权,而不管会因此发生什么。由于贵族的顽强抵制,连续几任试图以向贵族征税的方式解决财政危机的财政大臣,都先后被迫下台。

到大革命之前,法国政府已经濒临破产了,国王路易十六找不出其他办法来解决财政危机,向贵族征税的方案于是再次被提出。为了维护自己的免税权力,贵族开始行动起来,他们以巴黎高等法院、省三级会议和僧侣会议等为阵地向王权发起挑战;对于国王征税的要求,贵族掌握的巴黎高等法院提出要由高级教士、贵族以及

管理的历史维度

第三等级共同组成的三级会议来决定。贵族把第三等级也就是资产阶级拉进来，目的是作为同盟军，壮大自身对抗王权的力量。

在贵族看来，三级会议一直是以等级来投票的，两个特权等级——教士和贵族联合起来自然就会占有压倒性的优势。然而没有想到的是，第三等级却提出了新的投票方案：第三等级的代表人数加倍，并且要按人头投票。这样一来，毫无疑问是第三等级而不是贵族会主导整个三级会议。这当然是贵族绝对不能接受的。国王的做法最多使他们失去免税的特权，而第三等级这样做无疑会使他们失去更为根本的政治权力。贵族坚决反对第三等级的要求，贵族和第三等级的矛盾，出人意料地取代了贵族和国王的矛盾，变成了斗争的焦点。

双方都不肯让步，身陷僵局之中的第三等级决定抛开前两个等级，单独成立国民议会，并宣布国民议会有权决定税收等重大事项。贵族惊慌失措，于是便决定放弃对国王的挑战，转而向王权寻求保护，希望能够借助国王的力量，迫使第三等级让步。在税收问题上贵族和王权存在着冲突，但是在维护传统的封建制度方面，贵族和国王却有着更根本的共同利益。然而贵族的这一行为却进一步激化了矛盾，国王和贵族的结盟使一场以国王和贵族为矛头的大革命终于爆发了。而贵族的特权，连同整个封建制度，最终一起陷入了毁灭。

今天回顾这段历史时，人们依然会为贵族在关键时刻的短视而感到不可思议：为了取得自身免税的特权，贵族匆匆放弃了税收的控制权，结果使自己沦为王权的依附者；为了保住免税的特权，贵族匆匆联合第三等级对王权发起挑战，结果为第三等级提供了政治机会；面对第三等级的冲击，贵族又匆匆转向王权，希望借助王权的力量迫使第三等级顺从，结果引发的是导致自身毁灭的大革命。

　　法国贵族为什么会做出如此的选择？作为一个特权阶层，法国贵族优先考虑的，从来都只是自身的权力与利益。当社会中的某一阶层将自身的特权凌驾于社会整体利益之上、一切都只是为了维护自身的眼前利益时，便注定了其在关键时刻所做出的选择一定是短视的，并最终要为这种短视付出长远而沉重的代价。

税收协议、制度安排与政治演进：
普鲁士国家的军事化之路[1]

17世纪以后，普鲁士演变成为一个军事色彩极为浓厚的中央集权国家。究其原因，是由于国王和贵族之间围绕征税问题所形成的制度安排，一步步地塑造了普鲁士的国家发展之路。

普鲁士的前身是神圣罗马帝国中的勃兰登堡选帝侯。13世纪以后，德意志所谓的神圣罗马帝国的中央权力，就处于不断衰落的过程中。到17世纪时，神圣罗马帝国已经分裂为360个政治实体，所谓的帝国只是徒有虚名而已。极度的分裂所带来的虚弱与混乱使得德意志成为大国力量的竞技场。在这样的背景下，德意志民族要进行国际竞争，就迫切需要建立强有力的王权，而军事力量也注定要在这一过程中扮演关键的角色。故事就这样在普鲁士首先发生了。

在普鲁士的国家发展过程中，一个关键的人物是大选帝侯腓特烈·威廉。威廉1640年即位为勃兰登堡选帝侯时，正好是1618年到1648年的30年战争期间，北方大国瑞典的军队横扫德意志诸邦。这使威廉意识到这样一个现实：一个统治者若无自己的军队，是不可能受到认真对待的。

---

[1] 本文刊于《看历史》2013年第11期。

为了建立一支强大的军队，1653年大选帝侯威廉与他领地内的容克贵族们达成了《议会协定》。大选帝侯以允许贵族们随意地在各自的领地范围之内征收封建租役，包括可以成立领土法庭，对各自领地里的农奴进行司法审判等为条件，获取了容克贵族允许他在全国范围内征收军事税的权力。

这是普鲁士国家发展过程中的一个重要的历史节点。征收军事税的直接目的是建立一支军队，然而从日后的历史演进可以看出，这一举动奠定的是整个普鲁士专制王权的基础。依靠军事税，大选帝侯建立了一支3万人左右的常备军。而有了这支军队，他就可以开始建立一个中央集权的国家机构。中央集权作为一种有效的政治组织形式，在普鲁士被建立了起来。容克贵族作为最重要的政治势力，也由此一步步被纳入一体化的国家机器之中。国王和贵族之间关系的基调，也就由此确立了起来。

1688年大选帝侯威廉去世，他给继任者留下了"一支强大的军队，一个由若干零乱的领地聚合在一起却井然有序的国家和一种因多次军事胜利的光荣赋予臣民的初步的民族生存意识"。欧洲列强们也因此承认了他的继任者为普鲁士国王。

通过"征收军事税—建立常备军—建立集权的国家组织形式—取得战争胜利—建立更强大的国家"的方式，大选帝侯确立了普鲁士国家发展的基本逻辑。军队从一开始就在普鲁士的国家发展中扮演了关键的角色。大选帝侯的继承者们所做的，就是进一步强化了其国家发展过程中的这一路径。

继承大选帝侯事业的是著名的国王——"兵王"威廉一世。威廉一世做出了两项重要的制度安排。一项制度安排是他在1733年采取了分区征兵制，由此就在普鲁士建立了一支以征兵制而非雇佣兵制为基础的常备军。征兵制使常备军从此成为国王个人的资产，国王拥有了对军队绝对的控制权，而任何容克贵族、政府官员或佣兵头目都不能插手。这就保证了在普鲁士整个国家中王权的绝对地位。

同时，威廉一世和容克贵族之间又达成了另一项协议，那就是他要求容克贵族都要尽服兵役的义务，而军队中军官的位置则由贵族来垄断。在威廉一世统治期间，军队中几乎所有的军官都是由贵族担任的。以 1739 年为例，当时普鲁士 36 名元帅全是贵族出身，56 名上校中的 55 名、46 名中校中的 44 名、108 名少校中的 106 名，都是贵族。普鲁士的容克贵族采取的是长子继承制，即只有家族中的长子才有资格继承封地和爵位，其他的子弟则必须在长兄继承家业后离开领地寻找自己的发展机会。威廉一世和贵族之间的协议，使军队成了国王和贵族这两大力量协调关系的基本框架：对于贵族来说，从军成为他们最好的职业，在军中他们可以继续保持贵族的地位和荣耀，并且对国家的政治发挥着影响力；而对于国王来说，贵族变成了绝对服从于他的指令的军官，而不再是游离于王权之外的半独立的力量。

由此与英国贵族的商业化、法国贵族的官僚化不同，大部分的普鲁士贵族走上的是军事化的道路。贵族精英最集中的地方不是议会，不是宫廷，而是军官团。在近代国家形成的过程中，在欧洲其他国家，大多数的贵族都是不断地向王权发起挑战，而在普鲁士，容克贵族却成为王权最强有力的支柱。正如历史学家指出的那样，到了 18 世纪，普鲁士的王权和贵族之间的同舟共济"臻于极致"。

这种同舟共济，就是以军队为平台来完成的。

德国史学家哈通指出："建立普鲁士国家的工作，在1740年以前已经大体完成。"1740年正是著名的腓特烈大帝即位之年。正是从腓特烈大帝时起，普鲁士真正变成了一个军事国家。普鲁士的总人口与军人数量之比为29∶1，而这个比例在俄罗斯是120∶1，在法国是140∶1，在奥地利是98∶1。军费开支则占普鲁士国家财政收入的3/4到4/5。所以当时有人评论说：普鲁士不是一个拥有军队的国家，而是一支拥有国家的军队。美国历史学家科佩尔·平森评论说："普鲁士邦就是这样演变成一个产生于战争和为了进行战争的国家，它的一切就是为了战争。"

由此普鲁士在完成政治集权化的同时，也变成了一个军事化色彩极强的国家。军队成为国家组织的核心，军人成为最神圣的职业，军队所代表的价值观念也成为普鲁士主导性的价值观念。当英国以生来自由的英国人而自豪，当法国人高举起平等的大旗时，普鲁士则形成了重视秩序的传统。在普鲁士，不是自由、平等、博爱，而是纪律、责任、服从，成为主导性的价值取向。这种取向，一直影响着今天德国人的民族性格。

自由主义的失败：
理解19世纪德意志国家发展的一个视角 [1]

19世纪德意志历史上一个影响深远的事件，就是自由主义的最终失败。19世纪上半叶，自由主义运动在德意志一度取得了蓬勃发展之势，然而19世纪下半叶以后，当年的自由主义者却纷纷放弃了自己的原则与理想。这一现象的背后，是自由主义在后发国家中所遭遇到的特殊困境。

德意志的自由主义始于启蒙运动和拿破仑战争的影响。在二者的影响下，1806年普鲁士开始了带有自由主义色彩的改革运动。1830年到1848年，是德意志自由主义最有活力的时期。在这一时期，除了最保守的势力之外，官僚、政客甚至形形色色的思想家，都把自由、民主挂在嘴边，许多邦国也都开始了宪政改革。德意志自由主义运动的高潮则是1848年革命。500名德意志自由派代表齐集法兰克福成立法兰克福国民议会，制定了《联邦宪法》，并准备成立一个自由统一的君主立宪制的德意志国家。在那一刻，自由主义者离实现自己的理想，似乎只有一步之遥。

然而，法兰克福议会却以失败而告终。被法兰克福议会推选为

---

[1] 本文刊于《看历史》2014年第10期，"新华网·思客"2014年12月16日。

德意志皇帝的普鲁士国王腓特烈·威廉四世不屑地拒绝了自由主义者送上的皇冠，议会也最终被普鲁士军队强行驱散，自由主义者四散而逃，法兰克福议会的失败也就成为德意志自由主义运动失败的标志。

法兰克福议会失败的原因，在于自由主义者没有办法解决德意志的国家统一问题。自由主义是从英、法这样的国家传入德意志的。对于英、法来说，自由主义者所面临的任务就是建立宪政体制；而对于德意志来说，自由主义者却从一开始就面临着双重的任务，那就是既要建立自由的政体，又要完成国家的统一。自由固然是现代政体的基础，但没有统一的民族国家，自由就只是空想而不能真正落地。然而正是在国家统一的问题上，德意志的自由主义表现出了其软弱无力的一面。自由主义者以知识分子为核心，自身并没有完成国家统一的实力，用当时《十字架报》嘲讽的语言来说，自由主义者"没有金钱，没有土地，没有法律，没有权力，没有人民，没有士兵"，只是"被扔掉的人民主权论的破产投资者"而已。

对于德意志的发展来说，1848年自由主义运动的失败所带来的影响是决定性的，德意志的历史由此转到了另外的方向。美国历史学家科佩尔·平森有这样一段评论："如果自由派民主主义不能实现德国统一，如果人民用自己的行动不能实现所有德意志人的最高目标，那么，这就意味着自由派民主主义失败了。而如果统一可以靠武力，靠挥舞刀剑战斗，靠阴谋、外交手腕和战争来取得，那么，这些政治行动的手段就是正当的，因为它们实现了这个高尚的目标。"

俾斯麦基于实力的"铁血政策"便由此登场。在著名的"铁血演说"中,俾斯麦毫不客气地说:"普鲁士在德意志的地位将不取决于它的自由主义,而取决于自己的力量。巴伐利亚、符腾堡和巴登可以沉湎于自由主义,但不会有人让它们发挥普鲁士的作用。……当代世界的重大问题将不是由演说和多数人的决议所能解决的——这正是1848年和1849年的重大失误,而是要用铁和血。"俾斯麦说到做到,以三次战争的方式干净利索地完成了德意志的统一,而容克贵族也在胜利的欢呼声中将自己置于时代最显赫的地位。

也正是在容克贵族所取得的空前胜利中,自由主义者一步步地放弃了自己的立场,变成了容克势力心甘情愿的追随者。自由主义的喉舌《普鲁士年鉴》曾是俾斯麦政策的坚定批评者,然而当普鲁士取得了对丹麦战争的胜利后,它却发出了这样的感慨:"我们不愿低估业已取得的成就,因为命运已注定我们的民族计划要由另一派人来完成。""我们的目标是国家统一,或者采取意思一样的另一种说法,是普鲁士国家权力的扩张。至于通过什么道路达成这一目标,对我们来说是完全无关紧要的。"而普奥战争结束后,《普鲁士年鉴》又写下了这样的文字:"如果德意志需要在统一和自由之间做出抉择,它必须依据自己的历史和处境,无条件地选择前者。……无论是要走征服的道路,还是走独裁的道路,甚至在军事独裁面前,它都不应畏缩不前。它必须心甘情愿地追随专制的领袖,如果这个领袖能使德意志得到国家的完整、得到生存、得到与别国平等的地位,从而得到自己的前途的话。"

后发国家的自由主义往往是从外部传入的,因而通常更多的是知识分子的意识形态,很难凝聚起广泛的政治力量。与此相反的是,对于后发国家来说,民族主义的诉求却往往是社会各阶层最大的公约数。在这种情况下,自由主义就很容易受到民族主义目标的挤压。更重要的是,在后发国家,即使是自由主义者,往往首先也是民族主义者。对于这样的自由主义者来说,自由主义往往既是原则和理念,也是实现民族主义目标的手段和工具。在目标和手段之间,目标显然有更大的优先性。当自由主义无助于达成民族主义的目标时,人们就很容易接受更有助于达成目标的手段,哪怕这一手段与自由主义的理念是相悖的。在人类历史上,几乎所有后发国家的自由主义都面临着这样的困境。19世纪德意志自由主义运动的失败,只是其中的一个缩影。

领土扩张下的制度安排：
俄国历史上专制传统的形成 [1]

俄国发展中一个突出的现象，是其国家的形成与发展的过程，同时也是专制主义中央集权制度形成与强化的过程。在历史的发展过程中俄国形成了强大的专制传统，这固然有外来因素的影响，如东正教的"君权神授"理念和蒙古人两百年的专制统治，然而从根本上来说，这一制度的形成，是俄国为了适应不断的领土扩张所打造出来的庞大的帝国，而不得不做出的一整套内生性的制度安排。

从基辅罗斯到莫斯科公国，再到俄罗斯帝国，对外扩张一直都是俄国的基本国策。俄国的对外扩张，与其地处欧亚平原的地理环境有密切的关系。美国学者布鲁特库斯曾指出：广阔的俄罗斯平原及其漫长的毫无防卫的边界，使俄国非常容易受到敌人的攻击。11世纪至14世纪，南方的波洛维茨人、东方的蒙古人、西方的立陶宛人和波兰人都曾经攻入甚至征服过俄国。在无险可守的大平原上，俄国保障自身安全的唯一途径，就是通过向外扩张来不断地扩大自己的防御纵深。与此同时，一望无际的大平原反过来又使得俄国自

---

[1] 本文刊于《看历史》2014年第4期。

身的向外扩张几乎不会遇到地理上的障碍，因而变得非常容易。在不断的扩张过程中，俄国最终发展成了占世界陆地面积1/6的庞大帝国。

领土的扩张给俄国带来了一个根本的挑战，那就是要想维持这样一个庞大的帝国，就必须发展出强大的中央权力，以应对各种可能的离心力量。而在近代之前，强大的中央权力只能意味着专制主义的君主制度。这是俄国生存与发展的基本逻辑。俄国沙皇叶卡捷琳娜二世在谈到这一点时曾经说过："治理俄国这样的幅员辽阔的国家，只能用专制君主制度，舍此皆为下策。因为其他统治形式很难使皇命迅速付诸实践，史会为那些妄图使一个强大国家四分五裂的野心家的活动提供土壤。"只有强大的专制主义中央集权才能保证俄国的完整。俄国发展过程中所有的制度安排，都必须围绕这条轴线来展开。

由此俄国的政治发展便走上了与欧洲其他国家截然不同的道路。在中世纪的西方，对中央权力构成最大挑战的无疑是贵族，因而王权与贵族的博弈向来是各国历史的主题，博弈的过程与结果很大程度上影响了国家的政治发展。与英国、法国包括德国等欧洲国家王权与贵族之间通过各种方式达成协议不同，俄国在建立国家的过程中，君主们采取的是对贵族进行直接打击乃至肉体消灭的激烈手段。俄国对贵族的打击从伊凡三世时代就已经开始，并在伊凡四世时达到顶峰。伊凡四世取消了世袭大贵族对土地的拥有权，他运用强制手段，把国家中最好的土地从世袭大贵族手里夺了过来，从而摧毁了这些贵族的经济基础。为了打击大贵族的势力，伊凡四世还专门成立了特辖军，用暴力的手段对贵族进行肉体上的消灭。在

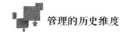
管理的历史维度

7年时间里特辖军先后杀掉了4 000多名贵族。俄国世袭贵族的势力由此遭到了毁灭性的打击。

俄国王权和贵族的关系就是沿着这一方向演进下去的，到彼得一世时期，俄国又制定了贵族服役制，即所有的贵族都有给沙皇服役的义务，沙皇随时可以根据需要征调任何一个贵族到任何一个工作岗位上去服役。所有的贵族都可能随时被从自己的领地抽调出来，安排到陌生的地方，在他根本不熟悉、不喜欢的工作岗位上。所有的贵族只有通过给沙皇服役才能保住自己的地位。由此在俄国出现了一个现象，就是贵族本身也是受奴役的。

以打击贵族为基础，俄国发展出了一整套以维护沙皇的绝对权力和保证沙皇对社会进行绝对的控制为基本出发点的制度安排。凡是可能对沙皇的权力构成挑战的社会势力，都会毫不犹豫地成为被打击的对象。叶卡捷琳娜二世把所有不受政府约束的独立机构都看成是潜在的颠覆根源。亚历山大一世时期，国家明令凡是有关大众的事都由国家独揽，不容个人置喙。而尼古拉一世统治时期的象征是沙皇办公厅第三厅，即秘密警察厅。一位历史学家曾经这样描述第三厅的秘密警察们："他们试图介入人民的全部生活，实际上他们干涉一切可以干涉的事情：家庭生活、商业交易、私人争吵、发明项目、见习修士从修道院逃跑，等等，秘密警察对这一切都感兴趣。同时，第三厅还收到不计其数的陈情书、投诉信、告发信，他们对每封信都要调查，都要立案。"国家对社会的控制由此达到了无所不至的地步。

从今天的角度来看，俄国历史上的专制主义的中央集权体制，是这个以扩张为基本国策的国家，为了维持其庞大帝国的完整性，而不得不发展出来的一整套的内生性的制度安排。应该说，在保证俄国的存在上，这套制度安排是相当成功的。然而这种成功的背后，是俄国整个社会为之付出了巨大而长远的代价。

制度的陷阱：
西班牙帝国错失的历史机遇 [1]

16、17世纪无疑是西班牙的世纪。哥伦布航海引发的地理大发现既为西班牙带来了庞大的海外属地，也带来了滚滚的海外财富。据统计，西班牙从新大陆先后获得了225万公斤的黄金、1亿公斤的白银，以及糖、可可、棉花、蓝靛等大量热带农副产品。到16世纪末，世界金银总产量中有83%为西班牙人所有。

西班牙的海外扩张还形成了世界历史上著名的大西洋贸易体系。非洲、美洲以及欧洲之间形成了三角贸易关系，欧洲人把非洲的黑奴运到美洲，把美洲的金银和原材料运回欧洲，又把欧洲的制成品运到非洲和美洲。大西洋贸易是工业革命的催化剂，正如经济史学家奇波拉指出的："欧洲人的海外扩张是为工业革命开辟道路的条件之一。"

然而，历史的悖论是，海外扩张最终是在英国而不是西班牙引发了工业革命；海外扩张带给西班牙的繁荣最终被证明只是一个幻影，从17世纪中叶开始，西班牙帝国陷入了无可挽回的衰落之中，最终沦为一个二流的国家。

---

[1] 本文刊于《看历史》2013年第12期。

西班牙为什么失去了海外扩张所带来的历史性机遇？从根本上说，海外扩张时西班牙国内的制度安排，使其无法像英国那样充分地利用海外扩张和大西洋贸易所带来的机会。

西班牙的海外扩张，是由王室来组织和资助、由贵族实行的，王室和贵族自然要享有由此所带来的利益。因此在西班牙，除了王室以及王室本身特许的公司或等级之外，其他人都被禁止从事国际贸易。海外扩张和大西洋贸易的好处全部落到了西班牙王室和贵族手中，而不是像英国那样催生了一个强大的商业阶层。

更重要的是，来自海外的巨大财富反过来加强了王室的权力和专制地位，造成西班牙社会中的封建等级更加固化。由此，西班牙创造了一个以海外殖民和扩张为主导的财富获取机制，但落后的政治结构和社会结构却没有任何变化。用斯塔夫里亚诺斯的话说，从新大陆得来的意外经济横财起了巩固而不是破坏衰落的西班牙社会的作用。吉诺维斯也说，对殖民地的掠夺在不小的程度上反而支撑了一个正在没落中的西班牙的贵族阶层。

由此，西班牙便落入了制度的陷阱之中：当英国的商业力量迅速崛起、英国的社会出现极大的流动性的时候，在西班牙，以国王和大贵族为代表的特权集团在政治生活中依然扮演着主导性的角色，来自民间的商业力量无法影响国家的发展方向；贵族依然具有较高的地位，商人则依然是微不足道的。而国王和贵族的价值观念本质上还停留在中世纪时，是不可能真正理解商业的价值的，西班牙政府由此采取了一系列的反商政策，包括为了保护羊主团的利益而没有建立有效的产权制度，不断地对商人的财富进行侵占和征用，为了获得税收对工商业横征暴敛，以及对犹太商人和摩尔商人

进行大规模的迫害和驱逐,等等。在西班牙,商人的利益无法得到有效的保护,以至于商人们取得财富之后不是去扩大投资,而是藏匿起来,那些有成就的商人的志向则是通过购买地产和败落的贵族的头衔来让自己与后代变成贵族,从而改变自己的身份与命运。大量的资本从生产性的领域流出,大量的人才进入非生产性领域,工商业在西班牙没有多大的发展空间,经济社会由此陷入极大的停滞之中。

与此同时,西班牙在国家目标的确立和国家资源的使用上也出现了问题。来自海外的财富没有用在发展经济上,而是用在了王室和贵族最关注的王朝和宗教战争上。西班牙参加了16、17世纪几乎所有的大型战争。自1519年起,西班牙连续打了140年的仗。要命的是所有这些战争都是与商业无关的战争,都是纯粹的消耗性的战争。西班牙虽然获得了巨大的海外财富,但持续的战争却需要更多的钱财。结果是,从16世纪中叶到17世纪中叶,西班牙耗尽了所有来自海外的财富,并先后6次宣布破产,西班牙帝国最终也就不可避免地衰落了下去。

经济学家道格拉斯·诺斯在解释西班牙的衰落原因时曾指出:"不发展出一种有效的经济组织究竟会产生什么样的后果和影响,在这方面西班牙倒是提供了一个出色的范例。"在西班牙,我们看到的是一种初始的制度安排是如何决定社会财富和社会机会的分配结构的,而财富和机会的分配结构又是如何决定国家发展的最终命运的。西班牙是在没有发展出近代性的制度安排的情况下被拉入近代历史的,海外财富反而使特权集团的经济基础得到了强化和膨胀,商业力量却分享不到开放性的机会,这就必然使整个社会失去发展的活力，使整个国家最终走向衰落。没有制度的变革，使得来自海外的机会最终变成了发展的陷阱，这是西班牙最大的悲剧。从西班牙这个例子中我们可以看出，对于国家的发展来说，合理的制度安排，是多么的重要。

迷失在信仰之中：
西班牙衰落的另一视角 [1]

经济学家道格拉斯·诺斯曾说过："不发展出一种有效的经济组织究竟会产生什么样的后果和影响，在这方面西班牙倒是提供了一个出色的范例。"我想套用诺斯的这句话说，当一个国家的信仰达到狂热的地步会产生什么样的后果和影响，在这方面西班牙同样提供了一个出色的范例。

西班牙作为一个统一的国家，是在与穆斯林长达数世纪的斗争中形成的。公元711年，信仰伊斯兰教的北非摩尔人渡过直布罗陀海峡，在很短的时间内便占领了伊比利亚半岛的大部分，半岛的基督教力量被迫退到北部边缘地区，并开始了长达七个多世纪的光复运动。对基督教来说，光复运动不仅仅意味着领土的光复，更意味着基督教世界的光复。在长期的光复运动中，对天主教的虔诚信仰是激励西班牙人将战争进行到底的强大精神支柱。

1492年，伊比利亚半岛最后一个摩尔人王国格拉纳达宣布投降，穆斯林在西欧的统治宣告结束。这一事件被认为是整个基督教世界的胜利，西班牙国王伊莎贝拉和费尔南多因此被教皇加上了"天

---

[1] 本文刊于《看历史》2014年第1期。

主教国王"的桂冠。在胜利的钟声中,西班牙人对于天主教的虔诚也达到了无以复加的地步。天主教成为西班牙至高无上的信仰。保卫天主教的正统地位,扩张天主教的势力范围,为上帝进行不妥协的圣战,成为西班牙统治者神圣的使命和义务。

当我们今天回顾西班牙的国家发展历程时,我们会清楚地看出,天主教的信仰是理解西班牙历史不可或缺的主线,是天主教成就了西班牙民族主义的内涵,是天主教使西班牙成长为一个统一的国家。在海外探险的过程中,也正是天主教为西班牙人的远航提供了强大的精神动力,并最终使西班牙因为地理大发现而成为揭开世界历史新一页的幸运儿。

然而,物极必反。当对宗教的信仰发展到狂热的地步的时候,西班牙在国家战略的选择上也出现了重大的失误。

狂热的信仰导致西班牙国家战略出现的第一个失误,是在一个重商主义的时代,采取了愚昧的反商主义措施。

15世纪开始了欧洲的重商主义时代。然而为了信仰的纯洁,西班牙却采取了一系列迫害本国工商业者的措施。1478年,西班牙设立了欧洲最严厉的宗教裁判所,以极其残酷的手段开始对有异教嫌疑的人进行刑讯、判决和处罚。在当时的伊比利亚半岛,工商业者不是犹太人就是摩尔人,大批犹太人由此被迫携带着资本和货物离开了西班牙,巴塞罗那作为商业城市因此被一度废弃。1492年,也就是哥伦布航海的同一年,西班牙又下令驱逐不愿改宗的犹太人,20万犹太人因此流离失所。在此后的岁月里,西班牙的宗教政策越发变本加厉,甚至连已经改宗的摩尔人也不放过。1609年至1610年,大约50万有熟练技艺的从事工商业的摩里斯哥人(即被迫改信天主教的摩尔人）被驱逐出境。极端的宗教政策使西班牙大量的商人、科学家和技术人员流失海外，西班牙的工商业也就因此陷入了无可挽回的衰败之中。

狂热的信仰导致西班牙国家战略出现的第二个失误，是在一个国家利益成为对外战略基本出发点的时代，使西班牙陷入了消耗性的宗教战争之中。

战略的制定是需要理性的，然而信仰的不妥协性却使西班牙国王往往将宗教的原则凌驾于理性的战略判断乃至普通的常识之上，从而做出了一系列非理性的决策。西班牙历代君主对外战略的制定，几乎都是从维护上帝的事业这一目标出发的。在他们看来，上帝的事业就是西班牙的事业。西班牙最著名的两个国王查理五世和腓力二世都是狂热的天主教徒。腓力二世曾说："我宁愿丢掉我所有的邦国，并且如果我有一百次生命就会一百次献身，而不会容忍天主教会和上帝的事业受到丝毫的损害。"西班牙为此陷入了一系列的宗教战争之中，国家的资源和财富以及人民的鲜血被无谓地用于捍卫所谓的天主教的纯洁，得到的却是帝国衰落的结果。

狂热的信仰导致西班牙国家战略出现的第三个失误，是在文艺复兴和启蒙运动的时代，采取了蒙昧主义的文化政策。

在西班牙，天主教是唯一的信仰，其他一切思想都是异端，都要被无情地铲除。哥白尼的日心说给欧洲带来了思想的革命，然而西班牙的宗教裁判所却将日心说列为绝对的异端邪说。为了保证信仰的纯洁，腓力二世曾经下令严禁西班牙教师和学生出国任教或学习。在西班牙，思想是由教会垄断的，图书的出版要先后经过六道审查程序，这就是伏尔泰所嘲讽的"思想海关"。西班牙由此陷入文化的自闭之中,而与欧洲的思想与科学革命无缘。宗教的狂热禁锢的是西班牙民族的创造精神,最终使西班牙成为西欧思想、科学和文化最落后的地区,大仲马便曾揶揄说"欧罗巴之界,止于比利牛斯山"。而这最终制约了西班牙的国家发展,使其由一度的世界中心,一步步滑落到了世界体系的边缘。

自西徂东：
自由主义在欧洲的传播及命运[1]

自由主义的兴起与传播是近代欧洲历史上的大事，它使得欧洲的国家发展呈现出了与中世纪截然不同的面貌。然而，如果我们打开一幅18、19世纪的欧洲地图，就会发现一个非常有意思的现象，那就是自由主义是在英国形成并成为典范，在法国发生嬗变，在德国遇到顿挫，在俄国则始终处于"他者"的地位，无法为俄国社会所普遍接受。从英国到俄国，随着地理上自西徂东的传播与演变，自由主义的影响力也呈现出明显的递减趋势。

英国：自由主义的起源

英国的自由主义是在贵族与国王的博弈过程中形成并一步步成为英国的政治传统的。英国的自由主义可以追溯到1215年签署的《大宪章》。由于征税问题，英国国王和贵族发生了战争。贵族依靠战胜之威，迫使战败的约翰国王签署了《大宪章》。《大宪章》又名《自由大宪章》，其条款规定，臣民的权利是独立的，不是国王恩赐的，国王应尊重自由人的财产权利和人身权利；国王不得剥夺臣民的自

---

[1] 本文刊于《看历史》2015年第11期。

由权利,如果没有法庭的判决,国王也不能逮捕臣民和剥夺他人的财产。

尽管签署《大宪章》的目的更多的是为了保护贵族自身的权利,但随着时间的推移和《大宪章》的不断修订,其保护范围也在不断扩大,从贵族到有产者,又从有产者扩大到普通民众。1225 年的《大宪章》承认"人民和大众与贵族享有同等的自由权",1354 年的《大宪章》则将对人身权利的保护从有财产的自由人扩大到了所有人,无论其财产和社会地位如何。

《大宪章》规定的自由原则构成了英国政治和社会演进的基本框架,为了限制国王的权力、保证臣民的自由,英国又发展出了一套"王在法下""王在议会"的政治安排,并最终通过光荣革命的形式确立了第一个近代宪政体制。也正是在这一框架下,英国发展出了以约翰·洛克为代表的自由主义的政治理论,以及以亚当·斯密为代表的自由主义的经济理论。政治上的宪政与法治、经济上的市场与自由竞争、价值观念上的个人主义,成为英国自由主义的基本内涵。而强调个人的权利和自由,是英国式自由主义的核心。

自由主义构成了英国国家发展的基本内涵,英国也成为自由主义国家发展模式的典范。英国人将自己国家的崛起归功于自由,并将英国定义为"一个由自由的个人组成的共同体",把自己的历史说成是"一部自由的历史",并以"生而自由的英国人"而自豪。自由主义传统也是理解英国历史上的自由贸易政策以及自由帝国体系,包括哈耶克式的自由主义理论的关键所在。美国的国家发展在很大程度上就是英国经验的复制、英国式自由主义的传播并重新塑造了世界的面貌。直到今天,人们要理解和评价什么才是现代的国家发展,依然要不断地从洛克和斯密的理论遗产讲起。

法国：自由主义的嬗变

自由主义一旦形成,就会向外传播。自由主义的理论首先传播到了只隔一条海峡的法国,并在法国引发了以启蒙运动为标志的自由主义思潮。到18世纪后半叶,法国已经成为欧洲自由主义的新中心。不过,英国与法国虽然同处西欧,但毕竟有着不同的社会历史和文化背景,面临着不同的核心挑战。源于英国的自由主义,一旦被置于法国的语境中,必然会发展出不同的内涵。

对于法国来说,18、19世纪之交所面临的最大的挑战就是封建专制制度极为发达。法国既有强大的专制王权,又有僵化的社会等级,封建制度成为阻碍法国发展的根本因素。在这样一种情况下,与英国式的保护个人权利不受侵犯的自由主义不同,如何打破旧的等级、追求社会的平等便成为法国自由主义者所关注的核心内容。正如托克维尔所说的,长久以来对不平等的仇恨以一种持续而无法抵御的力量促使法国人去彻底摧毁中世纪遗留的一切制度,去建立一个人道所允许的彼此相似、地位平等的社会。以卢梭为代表的以平等为核心诉求的法国式自由主义正是在这一背景下产生的。

与洛克一样,卢梭也强调自由的价值。他的《社会契约论》开头便是"人是生而自由的,但却无往不在枷锁之中"。自由、平等、博爱则构成了日后法国大革命三位一体的价值观。然而卢梭对于自由的理解与洛克显然不同。洛克强调的是个人的自由,卢梭强调的则是"公意";洛克认为自由的关键是对个人财产权的保护,卢梭则认为正是私有财产导致了人类的不平等;洛克强调为了个人的自由必须对政府权力进行约束，卢梭则抨击分权理论，强调代表"公意"的政府是不应该受到限制的。

这就使得法国式的自由主义与英国式的自由主义出现了极大的不同。在卢梭式的自由主义中，对平等的政治参与的关注比个人的权利和自由有更高的优先性。这种与洛克不同的偏好，既是当时法国政治现实的反映，反过来又对法国大革命产生了巨大的影响。正如托克维尔所分析的那样，法国大革命爆发以后，人们对平等的酷爱执着而始终如一，乐于为它牺牲一切，而对自由的热爱则不断地改变面貌，"缩小、增大、加强、衰弱，轻易便会沮丧、被吓倒、被打败，肤浅而易逝"。

平等压倒自由所带来的一个后果是，在法国大革命中，对自由的追求是最后出现的，却是首先消失的。罗伯斯庇尔在被送上断头台前留下了这样的预言："我们将会逝去，不留下一抹烟痕，因为，在人类的历史长河中，我们错过了以自由立国的时刻。"法国大革命建立了共和国，并发布了《人权和公民权宣言》，却一步步演化为雅各宾的恐怖统治，这是法国大革命最大的悖论。

法国式自由主义给后人的教训是：单纯的平等并不会自动给人类带来自由，相反，群体的意志有时恰恰会以极端的形式践踏自由。没有对个人权利的尊重，就不可能有真正的自由；而没有了自由这样一个核心的价值，平等和民主也可能会沦落为多数人的暴政。

德国：自由主义的顿挫

德国的自由主义主要是从英国、法国传入的。尤其是法国启蒙运动、法国大革命和拿破仑战争，对还停留在中世纪的德国形成了巨大的冲击，并由此形成了德国的自由主义思潮。19世纪初期德国自由主义运动开始兴起。1830—1848年，是德国自由主义最有活力的时期，不少邦国都开始了带有自由主义色彩的改革。德国自由主义最终在1848年革命时达到高潮。德国自由派召开了法兰克福议会，并准备成立一个自由统一的君主立宪制德意志国家。

然而，法兰克福议会却以失败而告终。被法兰克福议会推选为德国皇帝的普鲁士国王威廉四世拒绝了自由主义者送上的皇冠，议会最终被普鲁士军队强行驱散。德国自由主义运动由此失败。

法兰克福议会之所以失败，是因为自由主义者没有能力解决德国所面临的根本问题，即国家的统一。自由主义是从英、法这样的国家传入德国的。对于英、法来说，自由主义所面临的任务就是建立宪政体制。而对于德国来说，自由主义者却从一开始就面临着双重的任务，那就是既要建立自由的政体，又要完成国家的统一。自由固然是现代政体的基础，但没有统一的国家，自由就没有了前提。然而正是在国家统一的问题上，德国的自由主义运动表现出了其软弱的一面。自由主义者以知识分子为核心，自身并没有完成国家统一的实力，用当时《十字架报》嘲讽的语言来说，自由主义者"没有金钱，没有土地，没有法律，没有权力，没有人民，没有士兵"，只是"被扔掉的人民主权论的破产投资者"而已。

对于德国的发展来说，1848年法兰克福议会失败所带来的影响是决定性的，德国的历史由此走向了另外的方向：俾斯麦基于实力的"铁血政策"开始登场。在俾斯麦的领导下，容克贵族通过三次对外战争完成了德国的统一，并在胜利的欢呼声中将自己置于时代最显赫的地位。也正是在这一过程中，德国的自由主义者一步步地放弃了自己的原则与立场，最终变成了容克势力心甘情愿的追随者。自由主义的失败，是理解19世纪下半叶德国国家发展基本走向的关键。

相对于英、法来说，德国属于后发国家。19世纪自由主义在德国的失败，反映的是自由主义在后发国家所面临的普遍困境。对于后发国家来说，自由主义往往是从外部传入的，因而通常更多的是知识分子的意识形态，很难凝聚起广泛的政治力量。与此相反的是，民族主义的诉求却往往是社会各阶层最大的公约数。在这种情况下，自由主义就很容易受到民族主义目标的挤压。更重要的是，在德国这样的国家，即使是自由主义者，往往首先也是民族主义者。对于这样的自由主义者来说，自由主义往往既是原则和理念，也是实现民族主义目标的手段和工具。在目标和手段之间，目标显然有更大的优先性。当自由主义无助于达成民族主义的目标时，人们就很容易接受更有助于达成目标的手段，哪怕这一手段与自由主义的理念是相悖的。这种自由主义被民族主义压倒的故事，在其他后发国家中也在不断地重复。

俄国：作为"他者"的自由主义

俄国的自由主义思想在18世纪下半叶开始出现。与德国一样，俄国的自由主义受到的是法国启蒙运动的影响。沙皇叶卡捷琳娜二世将法国启蒙思想家的"开明专制"引进俄国，为自由主义传入俄国打开了大门。自由主义传入俄国后迅速在贵族和知识分子中扩散，欧化的贵族和进步知识分子成为俄国自由主义发展的主要载体，这是俄国自由主义的一个突出的特点。

19世纪五六十年代以后，俄国的自由主义开始成熟，并开始形成自由主义的政治派别和自由主义运动，如地方自治运动等。1905年立宪民主党的成立标志着俄国的自由主义运动进入了政党时期。

然而作为一种外来的理念，自由主义在俄国缺乏历史文化传统及社会基础。与中欧的德国相比，地处东欧的俄国的地理位置更为偏僻。俄国没有处在任何一条欧洲主要的商业道路上，未能享受商业贸易所带来的商业化，没有形成发达的商业力量。与西欧国家相比，俄国没有经历商业革命、文艺复兴、宗教改革，也没有经历启蒙运动。相反，直到19世纪俄国还是一个以农民为主体的社会，还保留着强大的农奴制和欧洲最强大的专制主义王权，在俄国甚至贵族都是不自由的。俄国的传统文化在本质上是以专制主义、集体主义为特色的。用安德烈·阿马尔里克的话说："诸如自治政府、法律面前人人平等、个人自由等基本观念对于俄国人民来说几乎是完全不可理解的。"自由这一观念被视为无序与危险的同义词，个人主义代表的则是道德的堕落，至于人性应代表某种价值观念对于大众来说更是荒谬。

由于缺乏适合自由主义发展的土壤，俄国的自由主义运动始终只是"少数人的运动"而已，是无根的自由主义，无法为大众所接受，甚至俄国的资产阶级在很长的时间里都游离于这一运动之外。也正因为如此，俄国的自由主义运动从一开始就非常尴尬。自由主义被认为是"没用的字眼"，自由主义者则被认为是"与俄国隔离开来和已经被法国化的小丑集团"，是"颓废和堕落的渣滓"，是"喜欢随时自由地看看窗外的风景，然后走出去闲逛，上剧院听戏或去舞池跳舞"的无所事事的人。在相当长的时间里，自由主义在俄国主要是作为受人轻蔑的贬义词来使用的。一直到 19 世纪末,俄国都没有人会公开宣称自己是自由主义者。

思想家别尔嘉耶夫在评价俄国的自由主义时说:"自由主义思想在俄国始终是薄弱的,我们从来没有获得过道德上有威望和鼓舞人心的自由主义思想体系。"确实,在俄国的近代历史上,自由主义始终处于"他者"的地位,无法真正融入俄国的国家发展之中。这也就决定了俄国近代国家发展的基本面貌。

为什么是日本：
西方冲击下中国与日本的不同反应[1]

埃德温·赖肖尔曾经有这样一段评论："如果把日本19世纪50年代到80年代这段历史和其他非西方国家同期的历史比较一下，就会发现日本的这段历史确实是一段不平凡的经历。没有一个国家(能像日本那样)在西方经济和军事技术优势的挑战面前做出这样迅速和成功的反应。以中国为例，从19世纪40年代清王朝开始瓦解起，中国在整整一个世纪之后才建立起统一和稳定的新政治制度，而且在大体上仍是一个工业化前的国家。"

在后发国家中，日本是发展成功的典型。日本在非西方国家中第一个完成了工业化，第一个确定了立宪制度，第一个摆脱了殖民地半殖民地的困境，第一个以平等的身份加入了西方大国俱乐部。同样是东亚国家，日本在历史上又深受中国的影响，面对同样的西方挑战，中、日两国的表现为什么会有如此大的差异？当我们回顾这段历史时就会发现，西方冲击到来之时初始条件的差异，在很大程度上使得中、日两国面临同样的冲击，却做出了不同的反应。

从地理环境来说，日本是一个岛国，缺乏纵深，天灾不断，资

---

[1] 本文刊于《看历史》2014年第5期。

源匮乏，在地缘政治上有天然的脆弱性，强烈的危机意识由此进入日本的民族性格之中。在充满不安全感的日本，外来的威胁和由此带来的危机往往会被无限放大，并很容易转化成国家上下强大的变革动力。而中国，庞大的体量可以使其从容地消解西方冲击所带来的压力，从而也就很难迅速形成变革的共识。

从政治格局来说，日本所谓的"幕藩体制"，是一种在分权基础上的有限中央集权。幕府代表的是中央权力，但各藩在司法、行政、税收上却是相对独立的，甚至拥有自己的军队。这种统一与分裂的二元结构，就使得在日本，相对独立的新因素可以从受冲击最大的边缘地区首先发展起来，新生力量由此就有了现实的立足点，并可以以此为契机推之于全国，从而突破传统的体制。中国是大一统的政治体制，中央集权在明清时期达到了顶峰。为了维护一统的格局，统治者警惕地监视着任何可能改变这种局面的些微变动，打压任何可能挑战这种局面的力量。在高度集权的一元格局下，区域突破的可能性被牢牢地封住了。

与此同时，西方冲击到来时日本的中央权力与中国也大为不同。日本是天皇与将军并存的二元体制，有天皇与幕府两种最高势力存在。天皇万世一系，但是权力操纵在将军的幕府手中。这就为日本利用天皇推翻幕府、以"王政复古"的名义进行合法的政治变革提供了充分的空间，从而减少了政治改革所带来的社会震荡。中国政治的特点是乾纲独断、君主至尊，以专制王权为核心的政治安排形成了强大的稳定结构，所有的政治变革因而都不得不指向君权本身，只有以暴力的方式打破整个体制才有可能为政治变革打开通道。这也就决定了中国变革的阻力和难度远远超出日本。

从经济发展来说，日本由于"参觐交代"的需要，而一步步地形成了地区性的专业化生产和全国性的货币经济，商业力量由此在日本得到了极大的发展，商人阶层开始崛起，甚至出现"大阪商人一怒，天下诸侯惊惧"的局面，从而孕育出了可以与传统势力相抗衡的社会力量，这为日本的近代转型提供了强大的社会基础。而在中国大一统的环境下，商业从一开始在国家经济发展中就被认为只能是补充性的。通过税收和行政的手段对商业力量进行控制，是历代的国策。在政治的强大压力之下，商人不得不依附于官僚机构，而形不成推动国家变革的独立的社会力量。

从社会阶层来说，日本的社会精英是武士阶层。武士最大的特点就是对于强权极其敏感。军事实力是武士生存的基本条件，是其安全与威望的基本保证，因而在武士的价值体系中，强权具有最高的地位。一旦发现自己成为弱者，武士们就会不惜一切地予以改变，以重新获得强权，为此甚至可以抛弃传统体制与文化。肯尼思·派尔便指出："出于强权第一的想法，日本铲除了旧体制，从另一个文明那里借来了一套新体制。要使国家强大就必须牺牲传统的知识、价值观念的想法，使得明治时期如本的领袖们是不会像其他亚洲国家的领袖那样扼腕痛惜的。"出于对强权的敏感，日本把追求富强、建立一个与西方国家平起平坐的国家作为首要目标，这是日本近代变革的根本动力。而在中国，社会精英是文人出身的官僚阶层，即所谓的士大夫。正如华人学者张灏指出的那样，这一阶层更关注的是道德教义背后的文化价值与社会秩序，而不是政治扩张或经济发展意义上的集体成就。在正统的士大夫看来，"中国之强盛，视乎政事之得失，而不关乎财货之多寡；而世运之安危，根乎治理之纯驳，而不在乎兵力之盛衰"。因而即使在对外战争连连失败的情况下，还有士大夫在反复强调"中国之所以为治者，在乎礼乐教化，富强所不屑为也"。这也就使得中国在很长的时间里停留在文化的虚幻中，而无法认清这场三千年之变局的本质。

失去的二十年：
日本奇迹背后的制度陷阱 [1]

日本战后历史中一个发人深省的现象，是日本是实施追赶战略最成功的国家，形成了所谓的"日本奇迹"，然而进入20世纪90年代后，日本的发展却陷入长期的停滞之中，出现了所谓的"失去的二十年"，直到今天也没有走出困境。为什么日本的发展会出现这样的情况？

如果我们追溯日本战后历史就会发现，日本为了克服后发劣势、追赶先进国家而形成的一系列的制度安排，在短期内是非常有效的，但是从长远来看，这些制度安排却恰恰使日本陷入了短期制度长期化的陷阱之中。

战后初期，日本在国家发展上远远落后于美国等先进国家。为了克服后发劣势、发挥后发优势，日本以政府干预为手段，以重化工业化为重心，实施了以追赶为目标的发展战略，并为此形成了一系列的制度安排。

在技术上，为了克服技术落后和自身研发能力不足的局限，日本实施了以引进先进技术为主导的技术创新模式，在积极引进欧美

---

[1] 本文刊于《看历史》2014年第6期。

技术的同时，充分发挥日本人思维细腻的优势，对引进技术进行精细化改良，并通过对生产工艺进行精益化改进，快速建立起先进的产业发展体系。

在经营上，为了保证有一个相对稳定的环境来消化、吸收和改良所引进的技术，日本企业在劳动力的雇佣和待遇上采取终身雇佣制、年功序列工资制，在管理上采取管理者主导制，在企业关系上采取企业间相互持股、长期稳定交易和系列承包制，在企业与银行的关系上采取主银行制。这些都是为了保证企业经营的稳定性。

在资本供应上，在资金匮乏的情况下，为了保证引进的技术可以得到最充足的资金，日本采取了对外汇和利率的金融统制政策，以保证外汇主要供应给那些需要引进技术与设备的重化工业，同时还采取小额储蓄免税以及银行保护政策，使国民的个人储蓄几乎全部转化为新兴产业发展所需要的资本。

在产业政策上，日本通过制订长期经济计划以及财政、金融优惠政策，来引导和扶植优先产业的发展，尤其是以先进技术为基础的重化工业的发展，并使之迅速成长为主导性的产业。

日本所采取的这些制度安排，对于后发国家克服劣势、发挥优势是非常有效的，因而取得了巨大的成就，形成了著名的"日本模式"。然而在日本模式辉煌成就的背后，却从一开始就潜伏着巨大的危机。日本模式是以追赶为特征的，所有的制度安排都是为了克服后发劣势、发挥后发优势，从而达成追赶的目标。当追赶的目标已经实现的时候，这套制度安排的潜在问题就全部暴露了出来。

第一个问题，是日本经济缺乏自主创新的能力。在技术发展的制度安排上，日本更重视的是在引进技术的基础上进行应用技术的开发,而忽视了全方位的基础科学研究,以及自主创新体制的全面建立。到了20世纪80年代,随着日本与发达国家技术差距的拉近,模仿先进国家技术的后发优势大部分已经丧失,而自主开发能力相对薄弱的问题充分暴露出来,这就使得日本的经济因为缺乏新的技术供给而陷入长期的停滞之中。

第二个问题,是日本企业管理制度的僵化。终身雇佣制、年功序列制、管理者主导制、企业相互参股、主银行制等制度安排,在以技术引进为主的时代,可以保证劳动力、管理者、市场以及资金供应的稳定,从而很好地对技术进行吸收、积累和改良,但因此也使得生产要素无法自由流动,牺牲了创新所需要的竞争与活力。在不需要自主创新的时代这套制度安排是行之有效的,在需要自主创新的时代却只会使企业丧失创新的能力。

第三个问题,是日本的金融机构缺乏活力。在资金不足的情况下,日本政府的金融统制政策对经济增长起了相当大的作用。但由此也使得日本的金融机构过度倚仗政府的指导与保护,而缺乏基本的风险意识和市场竞争能力,失去了经济增长所需要的金融活力。

第四个问题,是政府主导经济的负面效应开始凸显。日本的经济是在政府产业政策引导下发展起来的,在经济发展的初期有很大的正面意义。但政府介入经济的发展,也在日本形成了"政、官、企"的"铁三角",由此带来官商勾结、寻租行为猖獗,导致市场机制受到破坏,从长远来说,反而伤害了日本经济的竞争力。

当我们回过头来反思日本的发展经历时就会发现,恰恰是当年那些成就了"日本奇迹"的制度安排,成为日本长远发展最大的包袱。日本战后形成的一套制度安排,是为了赶超服务的,显然应该是一种短期的、过渡性的制度安排。赶超完成之时，也就是这套制度安排结束使命之时。日本必须发展出一套以创新为核心的新的制度安排，才能保证国家的长远发展。然而历史的悖论是，一种制度安排一旦形成，往往本身就会有一种强大的自我合法化的冲动，从而使短期的制度安排出现长期化的现象，使得新的制度安排无法生成，而短期的制度安排由此也就构成国家长远发展最大的制度陷阱。日本的教训告诉我们：一时的繁荣未必代表长期的成功，对于国家发展来说，有时候最大的障碍，也许就在于过去曾经成功的模式本身。

文明人如何打败野蛮人[1]

"万宝大战",使得"门口的野蛮人"一时之间成为网络上最热的话题之一。其实对读历史的人来说,太阳底下根本就没有什么新鲜的事情。你看中国史上的五胡乱华、罗马史上的蛮族入侵,哪个不是野蛮人闯进了文明人的大门。不用说教科书上的什么平王东迁、白登之围、土木之变,更不用说北宋亡于金人、南宋亡于蒙古、明朝亡于满人,对于以文明自居的汉人来说,这些说起来可都是泪。

野蛮人为什么不好好在自己的大草原上待着,而是动不动就要闯到文明人的地盘上?说起来倒也很简单,就是野蛮人特有的生存逻辑。

如果说文明人的生存逻辑是创造财富,那么野蛮人的生存逻辑就是掠夺财富。野蛮人所处的环境,物产贫瘠、气候恶劣、经济脆弱,一旦遇到大的自然灾害,逐水草而生的野蛮人就不得不侵入温暖、湿润而富庶的农耕地区寻求生存的空间。

野蛮人又是天然的战士,信奉的是弱肉强食,强者可以随心所欲地夺取别人的地盘,抢劫别人的财富,掠夺别人的人口。所以一旦有需要、有机会,又有相对于文明人的军事优势,对文明人发起

---

[1] 本文刊于"腾讯·大家"2016年1月4日。

攻击，那是一点心理上的压力都不会有的。况且，用晁错的话说，野蛮人是"小入则小利，大入则大利"。在这种情况下，野蛮人入侵是必然的，不入侵是偶然的。野蛮民族周期性的南下入侵，由此成为农耕的文明世界很长一段时间所无法摆脱的宿命。

为了对付野蛮人，文明人想了很多办法。一是挡，用修篱笆的方式把野蛮人挡在外面，所以就有了万里长城。二是送，送你子女玉帛，换取你的欢心，你就别来抢我了，所以就有了昭君出塞。不过这两招似乎都不太管用，最多只能算是权宜之计。长城是修了，但双方边境绵延数千里，野蛮人可以随便选一个地方夺关而入，你援兵刚至，我早已离去，那叫一个防不胜防、不胜其扰。至于和亲，野蛮人好像永远是贪得无厌、欲壑难填，不但没有让野蛮人停止掠夺，反而搞得中原财力日弊。

文明人倒是还用过一招，就是以夷制夷。北宋就曾经想着依靠金人的力量，帮助收复被契丹占领的幽云十六州，没想到却是引狼入室，反受其辱。南宋不吸取教训，又想着联合蒙古人对付金人，结果金人倒是被灭了，南宋的君臣也落了个跳海的下场。

这些办法看来不太靠谱，那文明人是不是就注定只能任人宰割呢？并非如此。野蛮人有野蛮的逻辑，文明人也有文明的优势。从长的历史时段来看，在文明与野蛮的生存竞争中，文明人要想最终胜出，需要做的是三条：剥夺野蛮人的资源优势，利用野蛮人的制度劣势，发展文明人的技术优势。

野蛮人之所以能够长驱直入，使文明人深受其苦，一个重要的原因是野蛮人拥有当时最关键的战略资源：骑兵。在冷兵器时代，强大的机动力和冲击力使得骑兵成为陆地上最强大的兵种，而野蛮人天然就是优秀的骑士,军队里往往全是骑兵。强大的机动能力使他们可以迅速地转移兵力,随心所欲地在由他们自己选定的时间和地点迅速地集中起绝对的优势兵力,而后在最短的时间内解决战斗。这种在运动中形成优势的能力,是以步兵为主的文明人的军队所无法具备的。

文明人要想打败野蛮人,就必须向野蛮人学习,弃我之短,夺彼之长。具体来说就是要模仿野蛮人,建立自己的强大骑兵,从而剥夺野蛮人的优势,以其人之道,还治其人之身。

那些有为的君主和朝代,无一例外都是这样做的。赵武灵王胡服骑射只算是一个开头,秦军以骑兵精良而著称,汉武帝时期更是建立起强大的骑兵集团,并转守为攻,一时之间卫青、霍去病等名将纵横驰骋,把中原王朝的开边拓土推到了前所未有的巅峰。唐朝建立后,也全面模仿突厥骑兵的训练和作战。李靖灭东突厥的关键一仗,便是利用三千轻骑,突袭突厥可汗大帐。

当骑兵这种战略资源不再是野蛮人专有的时候,野蛮人也就无法再为所欲为,而文明人综合国力雄厚的优势也就可以发挥出来,自然也就可以扬眉吐气了。

文明人之所以能够胜过野蛮人,还因为文明人可以利用野蛮人的一个巨大的制度劣势,那就是其政权的不稳定性。

大起大落、兴衰无常,是草原上几乎所有野蛮人政治实体的基本特征。草原上地广人稀,大多都是分散游牧,逐水草而生,这种分散的游牧经济限制了野蛮人的制度发育水平。换言之,分散的经济决定了分散的组织形式。所以野蛮人的政权往往是以氏族、部落、部落联盟、超级部落联盟、草原帝国的形式,组成的松散的联合体，而无法形成文明人那种强大而稳定的中央集权体制。

在这种联合体中，实力较小的氏族和部落往往依附于强大的氏族和部落。但弱肉强食永远是草原生存的基本法则，这种依附关系取决于实力的对比。而游牧经济本身就非常脆弱，很难抵御持续的天灾人祸，这样就使得各部落之间的实力在不断变动。一旦实力对比发生变化，或者经历一场重大的失败，彼此的依附关系就会破裂，政治联合体也就会土崩瓦解。

造成野蛮人政权不稳定的还有一个因素，就是无法形成文明人那种相对稳定的继承制度。草原上讲究的是强者法则，弱者也需要强者的保护，没有人会愿意接受软弱无能的人成为自己的统治者。这种唯强者是从、一切靠武力说话的组织方式，使得野蛮人很容易爆发周期性的争夺汗位的战争。一个勇武的军事首领很快就会建立起一个帝国，而一旦老可汗去世，就会因为争夺汗位而陷入不断的动荡、分裂乃至最终瓦解的结局。

野蛮人这种制度上的劣势，使得其政治实体很难像文明人那样持久，兴衰无常成为草原政治最突出的特点。这也就很容易给文明人制造利用野蛮人的分裂和崩溃来削弱与打败野蛮人的机会。匈奴因为五单于争立，最终分裂为南北两部，这就为汉朝最终击败匈奴创造了极好的条件。突厥也因为分裂为东西两部，内部经常动荡不已，从而给了唐朝灭掉它的极好的环境。历史最终还是偏爱有制度优势的一方。尽管文明人的王朝也无法摆脱盛久必衰的循环，文明人的王朝循环、秩序崩塌也会为野蛮人所利用，招致其入侵，但野蛮人的兴衰更为频繁，这也就使得从长的历史时段来看，文明人往往会拥有更多的利用野蛮人制度劣势的机会。

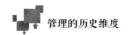

从根本上来说，要彻底解除野蛮人的威胁，还是要靠文明人自己的文明演进，具体来说就是压倒性的技术优势。

文明的发展依靠的是技术的演进，文明的演进过程很大程度上又是技术的演进过程。与野蛮人相比，文明人真正的优势就是技术的优势。实际上在文明人与野蛮人的竞争中，文明人一开始就在本能地利用自己的技术优势，像筑城技术、冶金技术、通信技术等军事技术。当年晁错列举匈奴之长技三、中国之长技五。五项中国之长技中，就包括"劲弩长戟射疏及远，则匈奴之弓弗能格也；坚甲利刃，长短相杂，游弩往来，什伍俱前，则匈奴之兵弗能当也；材官驺发，矢道同的，则匈奴之革笥木荐弗能支也"。

不过在冷兵器时代，野蛮人与文明人的军事技术水平其实并没有形成代差，文明人用的是铁制兵器，野蛮人用的也是铁制兵器，因而文明人的军事技术最多只能抵消野蛮人一部分的骑兵优势。总体来说，野蛮人军队的战斗力还是要更强一些。这也是在冷兵器时代文明人无法根除野蛮人威胁的原因所在。

文明人真正由逆转胜，是进入火器时代。火器本身就是文明发展的产物，火器的发明反过来使得文明人在军事上最终与野蛮人拉开了绝对的距离。火器的大规模使用，使文明转化出了足够的战斗力，来解决长达千年的野蛮人的难题。在著名的乌兰布通战役中，清军大败蒙古准噶尔部，火器在其中起了主导性的作用。从此以后在中国的土地上，来自北方的野蛮人彻底失去了南下中原的能力。在世界范围内，第一次世界大战时期的机枪和铁线网，第二次世界大战时期的坦克，更是宣布了骑兵时代的结束。

毕竟，文明最终还是会战胜野蛮的。

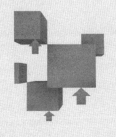

管理的历史维度

战略决策与执行

穆罕默德困境：
最优的战略为何反遭放弃[1]

1219年，成吉思汗亲率20万蒙古大军西征，长途跋涉来到花剌子模帝国边境，准备征服这个伊斯兰世界最强大的帝国。花剌子模北起哈萨克草原，南抵印度河和波斯湾，西越里海，东至帕米尔高原，总兵力愈40万人。大军压境，有人向国王穆罕默德（Muḥammad，又译为摩诃末）建议，应该将40万大军全部集结在北部边境的锡尔河一线，趁蒙古西征军远道而来、人困马乏之际，集中兵力压上去，以全歼蒙古大军。

在蒙古人战斗力最弱的时候，与其决战，花剌子模可以说胜券在握。无论从哪个角度分析，这一战略无疑对花剌子模来说都是最佳选择。然而，这条建议却被国王穆罕默德否决了。为什么？这还得从穆罕默德的家族说起。穆罕默德是突厥人，他的母亲也就是太后秃儿罕可敦来自突厥人的康里部落。花剌子模建国主要依靠的就是康里部落的雇佣兵，因此各地的军政长官也大多是康里人。所以花剌子模有一个由康里人组成的军事贵族阶层，权倾一时，炙手可热。国王穆罕默德素以"亚历山大第二"和"世界的征服者"自居，

---

[1] 本文刊于《商业评论》2014年4月号。

但他也有心腹大患：太后和康里军事贵族势力相结合，一直想操纵花剌子模的军政大权，而且时与穆罕默德围绕着国家最高权力展开争夺。

在这种背景下，穆罕默德最担心的是：花剌子模的40万大军一旦被集结起来，很有可能会被太后和康里部落的军事将领利用，然后他们可以联合起来推翻自己，所以他不敢这样做。于是，穆罕默德放弃了集中兵力的战略，而选择了分兵把口。花剌子模境内城堡林立，尤其是北部的锡尔河沿线遍布要塞。在穆罕默德看来，这里的任何一座要塞，都至少可以独立坚守半年以上的时间。最后，他下达命令：各处守军负责本城堡的安全；然后从各地抽调部分兵力，加强把守锡尔河流域的各要塞，在锡尔河一线构成坚固的设防地带，以将蒙古军队阻止于锡尔河以外地区；同时，在首都撒马尔干集结10万大军作为总预备队。若蒙古军队突破锡尔河沿线的某一要塞，即以总预备队发动反攻，歼灭突入之敌，或将其退回锡尔河防线以外。

这一战略说起来似乎也有道理，但这样一来，就导致了一个致命的后果，即花剌子模的40万大军被分散到各个城堡中去了，很容易形成各自为战的局面。尽管花剌子模的总体兵力处于绝对优势，但在每一个局部都可能处于劣势，从而给了蒙古人各个击破他们的机会。

现在看来，穆罕默德当时犯了两个错误：一个是时间上的，一个是空间上的。他先是放弃了以逸待劳的好时机，没有趁势对疲惫的蒙古人发动进攻，进而毙其于一役。结果使得成吉思汗的大军得以喘息，从容不迫地恢复了战斗力并展开了部署。接着他又违背了集中兵力的原则,将兵力分散到了各处,再次送了成吉思汗一个击败自己的机会。战争中最稀缺的就是机会,战争的大忌就是贻误战机。一场战争,若放弃了战胜敌人的机会,就等于给了敌人战胜自己的机会,这样的仗,还有取胜的可能吗?可以说,战争还没有开始,花剌子模帝国就败局已定。

花剌子模帝国因何而败?乍一看,似乎败于战略;细究下来,却是败于政治。近代军事理论家卡尔·冯·克劳塞维茨(Carl Von Clausewitz)有一个著名的命题:战争无非是政治通过另一种手段的继续。从穆罕默德身上,我们可以看到一个国家的内政是如何深刻地影响到君主的战略选择的,这种影响是决定性的,弄不好会致命,导致王朝覆灭。

由此可知,战略往往并不完全取决于对优势、劣势、机会、威胁的 SWOT 分析,我们常常可以看到,现实中的许多组织纵然外部态势非常明朗,领导者却像穆罕默德一样无法做出最优的选择,或者不得不放弃最好的机会。在做战略抉择时,不得不受组织内部权力和利益等因素的左右,我们可以称这种情况为战略上的"穆罕默德困境"。

这样的困境,在企业管理中也经常出现,我们熟知的联想就曾经历过。自 2005 年起,个人电脑(PC)行业的消费市场异军突起,笔记本电脑再也不是人们印象中的商务工具,而是人人都可以消费得起的电子设备。随着 PC 市场向消费化转型的趋势日渐明朗,惠普和宏碁都将消费市场作为主攻方向,甚至连以商用为主的戴尔也开始在全球铺设渠道转攻消费市场。然而,联想的反应却稍嫌迟钝。2005 年,联想并购 IBM 全球 PC 部门就已经基本完成,但直到 2007

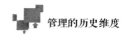

年联想才成立了全球消费部门。

联想并不是没有看到这个大势。要知道那时的联想刚刚并购了 IBM 的 PC 部，剑指商用机市场，此时如果转战消费市场，必然要重新改造业务模式并进行长期的投入。尽管从长期来说这会提升联想的竞争力，但势必会影响到公司当期的业绩。当时联想的首席执行官（CEO）是威廉·阿梅里奥，作为职业经理人，阿梅里奥及其高管团队的薪酬都是与企业的当期业绩挂钩的，因而他们更多考虑的是如何在任期内尽量把业绩做得更加漂亮，而对可能会影响当期业绩的长期投入一向谨慎。深陷在由利益和权力构建的"穆罕默德困境"中，联想的管理执行层顺理成章地搁置了向消费市场的转型，由此产生的结果是：2005 年到 2008 年是全球 PC 消费市场发展的黄金时期，联想却并没能抓住这个机会，并在 2008 财年第三季度出现了 9 700 万美元的亏损，险些成为 PC 行业的花剌子模国。

因此，在管理中"屁股决定脑袋"这句话是有道理的。企业的重大战略决策往往涉及组织成员权力与利益的重新调整。从这个意义上说，没有纯粹的战略决策，战略决策也从来不是在单纯的真空环境中进行的，而是会掺杂进复杂的政治性考虑。为了不让自己陷入"穆罕默德困境"，从而做出符合组织长远利益的最优选择，组织的最高决策者必须对影响战略的"政治因素"保持高度的警惕。

加里波利战役：
如何成功搞砸一个伟大的战略 [1]

如何才能成功搞砸一个伟大的战略？100年前第一次世界大战中那场著名的战役——加里波利战役（Battle of Gallipoli），会告诉你所有答案。

马恩河战役后，协约国与同盟国在西线的战事陷入僵局。为了打破这种局面，英国海军大臣丘吉尔提出了一个大胆的战略设想：进攻土耳其欧洲部分的加里波利半岛，打通连接地中海与黑海的达达尼尔海峡，进占伊斯坦布尔。

这真是个可以一举改变整个战略格局的伟大设想，如能成功，可以切断土耳其亚欧两部分的联系，给它以沉重打击，甚至可能迫使它退出战争；接下来协约国可以土耳其为基地，从东南方向向德军发起新的攻势，从而打乱德军的整体部署。从战略上看，这一行动还可切断中东油田对德国的石油供应，恢复协约国对俄罗斯的海运补给，从而改变双方的力量对比。时任德国海军大臣的阿尔弗雷德·冯·梯尔皮茨（Alfred Von Tirpitz）上将曾惊恐地说："如果达达尼尔海峡失守，那么我们在这次世界大战中就输定了。"

---

[1] 本文刊于《商业评论》2015年6月号。

在英国人看来，实现这一战略设想毫无悬念。大英帝国有世界上最强大的军事力量，而土耳其却被称为"西亚病夫"。他们甚至认为，协约国的军队只要一踏上加里波利半岛，土耳其人就会失去斗志。

然而，事情从一开始似乎就不太妙。1915年2月19日，一支英法联合舰队开到了东地中海，准备强行突入达达尼尔海峡。此时英国人信心满满，想着10分钟后他们就可以到达伊斯坦布尔喝下午茶了。

遗憾的是，英法联合舰队发起的几次进攻全都失败了。协约国这时开始意识到，单靠海军是不够的，必须先以陆军占领加里波利半岛，才有可能打通达达尼尔海峡。

3月份，协约国集结起了一支包括英军、法军、澳新军团在内的近八万人的远征军。英国陆军上将伊恩·汉密尔顿（Ian Hamilton）受命指挥这场登陆战役。

汉密尔顿有"诗人将军"之美誉，是位彬彬有礼的绅士，曾参加过布尔战争，作战经验丰富。不过在此之前，他对加里波利半岛和土耳其军队一无所知，甚至连加里波利半岛是否有淡水都搞不清楚。从英国陆军部那里，他得到的也只是一条简略到不可能再简略的指示——指挥一支远征军入侵加利波利，消灭那里的敌人。

借助一本1912年的《土耳其陆军操典》、一张加里波利半岛地图和在最后一分钟冲进书店买来的《伊斯坦布尔旅游指南》，汉密尔顿制定出了他的登陆作战计划：在加里波利半岛两边20英里范围内，协约国军队分别从西南端的几块海滩登陆，在海岸站稳脚跟后再向北进攻。汉密尔顿的一贯作风，是认为自己只需要向下属们传达战役的目标，至于具体如何实施，那就交由现场的指挥官自己来定好了。

4月25日，协约国军队发起了登陆作战。计划的随意性带来的后果很快就全部暴露出来：登陆部队各行其是，彼此间缺乏协同；从书店里买来的地图根本就不准确，部队发现自己上岸的地方是错误的；海滩比原先预计的要窄得多，运上去的人员、装备、牲畜、补给全挤在了一起；士兵大多没有受过夜间登陆的训练，部队上岸后，光是找方向就花了很长时间；土耳其人的反击极其猛烈，被迫发起仰攻的协约国士兵又绝望地发现，在加里波利半岛这种多岩石的地形中，根本就没有办法用小铁锹挖掘掩体。虽然第一天结束时协约国的7万名士兵已大半登陆，但在接下来的几个星期里，他们只能被困在海滩上动弹不得。登陆计划变成了一场灾难。

6月，丘吉尔成功地说服了政府向加里波利半岛增兵。到了8月初的时候，加里波利半岛上的协约国军队已经达到了12个师。得到增援的汉密尔顿制订了新的作战计划。他将派遣2.5万人在北部的苏弗拉湾（Suvla Bay）展开新的登陆。苏弗拉湾地势平坦开阔，便于发起进攻，而土耳其军队在这一地区只有1 500余人，防御薄弱。如果苏弗拉湾登陆成功就可以一举突破土耳其的防御体系，进而攻下整个加里波利半岛。

汉密尔顿任命弗雷德里克·斯托普福德中将（Lt-Gen. Frederic Stopford）指挥苏弗拉湾登陆的行动。斯托普福德中将则安排弗雷德里克·汉默斯雷少将（Gen. Frederic Hanmersley）率领部队实施登陆。

在讨论苏弗拉湾登陆计划时，汉密尔顿曾向斯托普福德提出：行动开始后，土耳其人一定会迅速向这一地区增兵。所以，协约国

管理的历史维度

军队上岸后应"尽可能快"地抢占4英里之外的制高点特克特普山(Tekke Tepe),这样就可以有效地掩护协约国军队在登陆后的展开。

身为一名绅士,汉密尔顿总是尽量避免冒犯下属,所以他提出这一要求时语气非常温和,以至于斯托普福德把"尽可能快"地占领特克特普山,理解成了"如有可能"就占领。

斯托普福德按自己的理解将命令下达给了汉默斯雷。少将对登陆计划本来就没有信心,当他把中将的命令再传给自己的下属时,"占领特克特普山"这一命令变得更加模棱两可。

8月7日,苏弗拉湾行动开始。不出所料,土耳其人在苏弗拉湾的防御体系非常薄弱,英军几乎没有遇到多少抵抗就登陆成功,而通向特克特普山的道路没有任何障碍——登陆的军队接下来只需要一段轻松的行军,就可以占领此山。

然而第二天早晨时,侦察飞机却向汉密尔顿报告说,已经登陆的军队全部都待在海滩上,一动不动。一定有什么地方出了问题?

汉密尔顿决定亲自去看一看。在军舰上,斯托普福德中将跟他解释说,他担心土耳其人会对登陆的军队发起反攻,所以他需要一天的时间来巩固滩头阵地。在苏弗拉湾,汉密尔顿看到了更让他吃惊的事情:汉默斯雷少将的军队正在无所事事地闲逛,海滩上一片度假的和平景象。至于少将本人,则正忙着监督士兵们为他建造临时指挥部。当被问及为何没有向特克特普山进攻时,汉默斯雷手下的上校们解释说:没有进一步的指示,他们不能随随便便前进。

情报显示,大批土耳其军队此时正在向特克特普山集结。汉密尔顿要求斯托普福德和汉默斯雷立即派兵抢占特克特普山。经过一番依然彬彬有礼的沟通之后,汉默斯雷终于派出了一个旅,然而一

切为时已晚，一支土耳其军队比他们早 30 分钟占领了特克特普山。

接下来的 5 天里，协约国军队发动了英勇的反攻，但是好运已经不再青睐他们了。土耳其人逐渐控制了苏弗拉湾周围的平地，汉密尔顿的登陆队伍被牢牢困在海滩上，灾难性的一幕再次上演。

9 月，汉密尔顿被陆军部召回并被解除了指挥权。4 个月以后，见取胜无望的陆军部最终从加里波利撤出了军队。

加里波利战役是第一次世界大战历史上规模最大的登陆作战。协约国先后调集了 50 万人的兵力，在付出了 13.1 万人死亡、26.2 万人受伤的代价后，却一事无成。一位英国历史学家评论说："一个正确、大胆而有远见的计划，却在执行过程中被一系列英国历史上前所未有的错误给断送了。"

无论是在战场还是在商场上，好的执行都是实现战略设想与计划的关键环节。好的执行则需要周密的计划、细致的准备、果断的决策、清晰的指令、高效的沟通、密切的协同、主动的行动。而这一切的前提，则是需要一位合适而强有力的执行型领导。加里波利战役告诉我们，只要部分——更不用说全部——违背上述原则，那么恭喜你，再伟大的战略，也可以轻轻松松地搞砸。

皮克特式的冲锋：
Zune 败于 iPod 的背后 [1]

1863年7月3日，美国南北战争史上著名的葛底斯堡战役已经进行到了第三天。在第一天的作战中，罗伯特·李将军（Gen. Robert Lee）所率领的南军由于军长尤厄尔将军（Gen. Richard Ewell）的犹豫，未能趁势攻下关键的城南高地，从而使北军利用夜晚从容地加强了防御工事。在第二天的作战中，南军对北军防线左右两翼发起的进攻也都未能得手。在这种情况下，李将军决心以刚刚赶到战场的生力军乔治·皮克特（George Pickett）师，外加另外两个师，共计15 000人左右，由南军副司令詹姆斯·朗斯特里特将军（Gen. James Longstreet）统一指挥，集中兵力向北军阵地中央的公墓岭山脊发起正面进攻，以求在此强行突破北军的防线，夺取战役的胜利。

朗斯特里特将军从一开始就反对这个计划。北军已经占据有利地形构建了工事，而地形对南军却极其不利：进攻发起后，在长达3/4英里的路上，南军将不得不在几乎完全暴露的情况下承受北军的炮击；此后南军将进入一片开阔地，士兵将成为隐蔽在工事后的

---

[1] 本文刊于《商业评论》2014年12月号。

北军步枪齐射的活靶子；再往前走，等待南军的将是更密集、更致命的霰弹杀伤。在这种情况下，进攻部队所面临的毫无疑问将是一场血腥的屠杀。朗斯特里特对李将军说："长官，我从军那么多年，是从基层军官一级级干上来的，也指挥过各种规模的部队，从一个排到一个军，我至少知道什么是士兵们力所能及的。我认为15 000名士兵根本不可能攻破那道防线。"

然而李将军拒绝接受朗斯特里特的意见。7月3日下午2点，南军的三个师跨出了工事，向北军阵地发起进攻。正如朗斯特里特所料，这场被后人称为"皮克特冲锋"的进攻，很快就变成了一场灾难，不到1个小时，担任攻击任务的南军士兵伤亡人数就达到了6 500多人，另有近4 000人被俘。担任主攻的皮克特师的伤亡率达到67%，3名旅长2死1伤，11名团长6人阵亡、5人受伤，40名校级军官中26人伤亡。只有100多名南军士兵攻到了北军防守的石墙之后，但随之就全部被歼。令人震惊的伤亡率甚至连李将军都深受震撼。部队败退时，李将军策马在官兵间穿梭，口中不停地说："这都是我的错，弟兄们，这都是我的错。"7月4日，伤亡惨重的南军黯然撤出了战场。南军从此失去了战场主动权，再也没有能力向北方进军，葛底斯堡战役由此成为美国南北战争的转折点。

在军事上，向对手设防坚固的阵地发起正面攻击，向来是兵家大忌。早在2 500年前，孙子就向将军们发出了这样的忠告，"无邀正正之旗，无击堂堂之阵"（不要拦击旗帜整齐、部署严密的对手，不要进攻阵容堂皇、实力强大的对手）。《战争论》的作者克劳塞维茨也警告说："向占领良好阵地的强大的敌人进攻是非常危险的，这一点是肯定无疑的，而且在这里应该看作是一个重要的真理。"然而，当战场上的将军们都已经明白，除非迫不得已才会向强大的对手发起正面进攻的时候，在商场上，类似"皮克特冲锋"这样的故事，却总是一再发生。

2006年10月，微软推出数字音乐播放器Zune，向苹果的iPod发起了猛烈的挑战。时任微软CEO的鲍尔默在Zune发布后高调预言："Zune将最终击败iPod，成为最受欢迎的媒体播放器。"时任微软娱乐业务副总裁的布赖恩·李也表示，随着微软逐步推出更多型号的Zune并在全球范围内广泛销售，Zune将最终成为数字音乐播放器市场的领导者。微软高层还声称，微软已经做好了几年内不营利、用钱砸市场的准备。比尔·盖茨也信心十足，亲自走上西雅图的街头，向公众展示微软推出的这款新产品。然而，四年半下来，最终的结果却令微软大失所望。到2011年时，Zune在北美的市场份额不足1%，而iPod的市场份额却是76%。2011年3月15日，微软宣布中止Zune数字音乐播放器的开发，不会再推出新的版本，因为它并不流行。2011年10月10日，微软又宣布停止该系列最后一款产品Zune HD的业务，包括硬件和服务都将结束，微软不会再生产Zune设备。这场Zune与iPod的战争，最终以微软的悄然败北而告终。

Zune的失败，其实从一开始就是注定的。不管是硬件还是配套的软件服务，Zune的产品理念和iPod都如出一辙。《经济学人》曾经辛辣地讽刺说，Zune是对iPod"恬不知耻的仿造"。这话可能有些刻薄，但无论是操作方式还是工业设计，Zune都没有根本性的突破，却基本是事实。与iPod相比，Zune还不得不面临两个问题：一是苹果强大的品牌影响力。据说至少有一半的人买苹果产品就是奔着那个 Logo 去的。二是 iPod 的市场地位。微软推出 Zune 是在 iPod 发布并流行 5 年之后，而后者早已累积了近亿名粉丝。这一切都注定 Zune 从一开始就像李将军的进攻部队一样，处于极其不利的进攻地形上。要命的是，微软偏偏又与李将军犯了同样的错误：Zune 的定价与同类型的 iPod 相比仅仅低 0.99 美元，这意味着微软对苹果发起的是跟李将军一样的正面强攻。皮克特冲锋早已告诉我们，不管你有多么大的雄心，不管你准备砸下多少钞票，这样的进攻都是代价极高而胜算甚微的。

就像孙子和克劳塞维茨一样，迈克尔·波特这位竞争战略大师在《竞争战略》一书中也曾经向企业家发出过警告："进攻战略中的基本原则是：无论挑战者具有怎样的资源或是实力，决不要采用模仿战略从正面进攻。处于领导者地位所固有的内在优势往往会战胜这类挑战，而且领导者会以一切可能的手段进行有力的报复，随后的战斗将不可避免地先耗尽挑战者的资源。"问题是：不管是战场还是商场，为什么会有那么多人，包括罗伯特·李这样杰出的将军、比尔·盖茨这样优秀的企业家，都发起昂贵而无效的正面进攻呢？难道他们真是自信到了不顾常识的地步了吗？其实并非如此简单。

李将军发起皮克特冲锋的一个重要背景，是南军在前两天的作战中由于自身的错误，失去了在葛底斯堡取胜的最好机会，而李将军率领大军北进的一个重要任务，是策应南军在西部战场上岌岌可危的维克斯堡防御——实际上就在皮克特冲锋的第二天，维克斯堡的南军即被迫宣布投降，显然此时留给李将军的时间已经不多了。相类似的是，微软推出 Zune 的一个重要背景是，虽然在 2000 年左右比尔·盖茨就已经意识到了数字音乐播放器的重要性,并决心打入这一市场,但微软与戴尔、创新科技等合作伙伴一起推出自己的播放器的计划屡屡失败,而苹果的 iPod 在此期间却在市场上攻城略地,如入无人之境。显然,留给微软的机会也已经不多了。

不管是在战场还是在商场,面对即将失去的机会,心有不甘的决策者为了重新夺回主动权,在形势的压力下往往会表现出激进的行为偏好,从而在条件并不具备、时机并不成熟的情况下却全力一搏,以求通过冒险的反击来扭转不利的局面,但也往往会因为孤注一掷而遭受更大的挫败。皮克特式冲锋的悲剧,也就会由此一遍遍地重复上演。

施利芬计划：你无法保住一切 [1]

1894年，德军总参谋长阿尔弗雷德·冯·施利芬（Alfred Von Schlieffen）制订出了著名的施利芬计划。地处中欧的德国夹在俄国、法国之间，它所面临的最大问题是：在即将到来的大战中，如何才能摆脱东西两线作战的困境？施利芬经过分析后认为，俄国军事动员体制非常落后，战争爆发后，至少需要6—8周才能完成对德国的军事集结，这将为德国提供极为宝贵的时间差。一旦战火点燃，德国完全可以利用这个时间差先发制人，集中绝大部分兵力，在4—6周内迅速击败西线的法军。而后利用内线作战的有利条件，通过铁路将主要兵力迅速转移到东线，在已无后顾之忧的情况下，倾全力打败俄军，这样便可以在2—3个月内赢得整个战争的胜利。

为了实现这一计划，施利芬提出，只用10个师的兵力，外加一些地方部队，部署在东线对俄方向。这样，战争爆发后德国可能会因东线兵力不足暂时损失一些省份，但能保证德军最大限度地将兵力分配给西线，从而形成对法军的绝对优势，达成迅速击败法军的目标。施利芬认为这显然是值得的，为此，他决定将79个师部署在西线，西线和东线的兵力之比因此达到了8∶1。

---

[1] 本文刊于《商业评论》2014年9月号。

与此同时，在西线，施利芬决定以梅斯为中轴，将德军分为担任守势的左翼和担任攻击的右翼。由于法德之间存在着阿尔萨斯和洛林的领土争端，因此战争发起后，法军一定会以主力向东进攻，夺取这两块地区。这一地区全是山地，德军完全可以用部分兵力部署在梅斯以南至瑞士边界，构成西线的左翼，依托有利地形采取守势，最大限度地阻止法军主力的进攻。而德军的主力也就是西线的右翼，则在梅斯向西北至韦瑟尔一线展开，通过中立的低地国家，出其不意地突破没有设防的法国北部边境，随后沿海岸线向南实施大范围的迂回，在鲁昂附近渡过塞纳河，然后折转东南，绕过巴黎，将法军主力压向东方，迫使其退至法国与瑞士交界的摩泽尔河附近。这样，德国的攻势就可以将法军主力置于"铁锤"（右翼）与"铁砧"（左翼）之间，给法军以致命的打击。

据施利芬判断，虽然德军左翼较弱，但即使法军攻入了洛林，压迫德军左翼后退，也还是不能阻止德军右翼的强大攻势。而且法军越是深入德军的左翼，其处境就越危险。战略学家利德尔·哈特（Liddell Hart）曾经分析过施利芬计划的精妙之处：这就好像旋转门一样，如果法军向前推前面的这一扇门（德军左翼），则后面的一扇门（德军右翼）就会倒转过来，重重地打在法军的背上；而且法军在德军左翼"推"得越猛，其遭受德军右翼的打击也就越重。

在施利芬计划中，西线中的右翼是德军主力中的主力，也是德国能否赢得战争的关键。因此施利芬在他的备忘录中特地强调："右翼的德军要尽量强大，因为此处将是决定性会战之所在。"由此施利芬决定西线的79个师中，以68个师的重兵担任主攻的右翼，而只以11个师担任牵制的左翼，右翼和左翼的兵力之比几乎达到了

7∶1的地步。

这是一个极为大胆、极有创意的战争方案，它充分反映出施利芬的远见卓识与过人的胆略。这一计划的核心，就是东线与西线之间、西线左右两翼之间，兵力分配都极不平均。因为只有这样，才能最终保证西线右翼的绝对优势，而后者是施利芬计划的灵魂。施利芬最担心的就是有人不理解他的苦心而削弱了右翼。据说他的临终遗言就是："加强我的右翼！"

1906年施利芬卸任总参谋长的时候，亲手将计划交给了他的继任者赫尔穆特·约翰内斯·路德维希·冯·毛奇（Helmuth Johannes Ludwig Von Moltke，俗称小毛奇）。然而遗憾的是，小毛奇虽然出身名门、仪表堂堂，却是谨小慎微、瞻前顾后之人。接手总参谋长一职后，他对东线和西线左翼所面临的压力顾虑重重，于是一步步修改了施利芬计划，最后担任主攻的西线右翼的兵力不但没有按照施利芬的遗训予以增强，反而遭到了极大的削弱。西线右翼和左翼的兵力分配变成了平淡无奇的3∶1。

小毛奇以为这样将保证这两个方向的安全，但他不知道对于施利芬计划来说，这是非常致命的。果然，大战爆发后，担任攻击任务的右翼因为兵力不足，无法形成压倒性的优势，一个多月以后即在马恩河会战中与英法军队形成了僵持局面。至此，施利芬计划实际上已经失败了。所以当马恩河陷入胶着的消息传来时，小毛奇即向德皇报告："陛下，我们输掉了战争！"

资源总是有限的。普鲁士的腓特烈大帝曾警告自己的将军说："平庸之人想保住一切，而理智者只关注主要事物……想保住一切的人什么也保不住。"这段话对于商界同样适用，正如詹姆斯·奎因所说的那样，没有一家企业有足够的资源能在所有方面压倒对手。因此，竞争者不仅要有意识地确定把哪些地盘让给自己的竞争对手，而且还要使次要目标所需要的资源减至最低限度。只有这样，企业才能最有效地利用自己的资源。

然而在现实决策中，这种放弃所造成的损失和风险，经常会给领导者带来巨大的压力。尤其是损失和风险达到一定地步的时候，往往会使领导者的决心出现动摇。而摇摆不定、患得患失向来是兵家大忌。这个时候所考验的，就是领导者的定力了。

在美国，沃尔玛是一家饱受顾客抱怨的企业。每次市场调查，顾客们都抱怨说，他们不喜欢它的服务，不喜欢它的购物环境，也不喜欢它拥挤的停车场。但是有一样他们很喜欢，那就是价格。沃尔玛的成功在于它使顾客建立起这样一种感觉：沃尔玛能以最便宜的价格提供各种产品。只要沃尔玛可以持续地做到这一点，顾客们就会持续地走进沃尔玛，沃尔玛也就可以成为世界上最大、最成功的企业。如果沃尔玛屈从于外部的压力，希望能够满足顾客的各种需求，那么它也许很快就会成为一家平庸的企业。

战略就是选择，而选择意味着放弃。有"舍"才能有"得"，大"舍"才能大"得"。在压力面前最终决定战略成败的，一方面是领导者是否有战略的洞见，是否真正能够抓住战略的关键点；另一方面就是领导者在压力面前是否有强大的战略定力。洞见与定力，是所有伟大统帅最应具备的领导品质。

麦克阿瑟与杜鲁门的终极对决：
粉丝并不如你想象得那么靠谱[1]

1950年和1951年之交，围绕朝鲜战争的决策，"联合国军"总司令麦克阿瑟与美国总统杜鲁门之间的冲突愈演愈烈。麦克阿瑟先是公开指责杜鲁门总统进行有限战争、寻求与中国停火谈判的政策，要求对中国发动全面战争。按照麦克阿瑟的指令，美军轰炸机轰炸了鸭绿江大桥，侦察机侵入了中国领空。在得知杜鲁门正着手与中、朝方面进行谈判的消息后，麦克阿瑟又抢先发表措辞强硬的声明，公开与杜鲁门唱反调。鉴于麦克阿瑟不断违命，1951年4月11日，杜鲁门宣布免去他远东统帅的职务。

被免职的麦克阿瑟决心返回美国"闹个天翻地覆"，而且他很快就做到了。麦克阿瑟被解职的消息在美国引起了轩然大波，他被当成了受到政治迫害的英雄，因而得到了社会舆论的极大同情。一回美国，麦克阿瑟就受到狂热的欢迎。在旧金山，他的车队用了两个小时才得以走出长达14英里的欢呼的队伍；在华盛顿，欢迎的民众达到30万人。他被认为是"自成吉思汗以来最伟大的军事家之一"，是民众心中"当之无愧的偶像"。许多地方还爆发了支持麦克阿瑟、

---

[1] 本文刊于《商业评论》2015年9月号。

反对杜鲁门的游行示威。短短几周便有近3万封公众的信件和电文飞往白宫，其中95%以上都是抨击那位"低能的""猪猡一般的"、像出卖耶稣的"犹大"一样卑鄙的"小政客"杜鲁门。洛杉矶市政会议宣布休会，以表示对麦克阿瑟遭到"政治谋杀"的"悲痛悼念"。加利福尼亚、佛罗里达、密西根等州的议会则通过了谴责总统的决议。人们到处散发请愿书，有些地方还焚烧了杜鲁门的画像。甚至连牧师们都加入进来，在讲坛上斥责那个"醉酒的侏儒"。民意调查表明，麦克阿瑟的支持率达到了69%，杜鲁门的支持率则暴跌为26%。在格里菲斯体育场，杜鲁门遇到了美国自1932年以来第一次针对总统喝倒彩的。

麦克阿瑟的声望很快到了举国沸腾的地步。1951年4月19日，大概是麦克阿瑟政治生涯中最辉煌的日子。这一天，麦克阿瑟在国会做了题为《老兵不死》的著名演讲实况。除了现场的国会议员，还有3 000万名观众通过电视收看了演讲。34分钟的演讲被掌声和欢呼声打断了30次。那句"老兵不死，只会慢慢地凋零而已"几乎打动了所有在场和不在场的听众。演讲结束后，据说"民主党议员没有一个人不是热泪盈眶，而共和党议员没有一个人的脸是干的"。一名议员眼含热泪地说："我们今天听到了上帝在这里讲话，一个有血有肉的上帝，这是来自上帝的声音！"还有一名议员说，他感觉，如果演讲持续时间更长一些的话，白宫前面就会出现示威游行了。

国会演讲后，麦克阿瑟又应邀到一些城市进行巡回演讲。在纽约市，听他演讲的人达到700万。演讲结束后，狂热的粉丝们举行了一场即兴的大游行。选举麦克阿瑟为总统的运动也随之如火如荼地开展起来。

在一边倒的社会舆论面前，可以想象杜鲁门需要承受多大的心理压力。麦克阿瑟有天生的贵族气质和出色的口才，以及卓越的表演才能，极易打动大众。与麦克阿瑟相比，杜鲁门在很多人的眼中只能用"平庸"两个字来形容。尽管这对他并不公平，但很长一段时间里很多人并不看好他这一点却是事实。跟麦克阿瑟这样的人物去争夺人气，他显然没有任何优势。

但是杜鲁门知道自己该做什么。他没有试图去直接影响公众的情绪，而是开始了自己的布局。他任命李奇微中将接替了麦克阿瑟的职位。李奇微继任之后，很快就稳住了朝鲜战场的军心和战局。他采取的另一项措施，是说服了美军参谋长联席会议，并在战争政策上得到了他们的全力支持。

1951年5月3日，参议院军事委员会和外交委员会开始联合举行朝鲜战争问题听证会。在听证会上作证时，参谋长联席会议主席奥马尔·布雷德利向议员们指出：美国对中国发动全面战争，正好给苏联提供了在西欧乘虚而入的机会。就是在这次听证会上，布雷德利说出了那段著名的话："如果我们把战争扩大到中国，那我们就会被卷入一场在错误的时间、错误的地点同错误的对手进行的错误的战争。"

布雷德利的证言对于麦克阿瑟来说是个致命的打击。在参议院的质询中，麦克阿瑟不得不承认：作为一名战区指挥官，他对欧洲局势并没有深入细致的了解，他也从来没有从全球角度来考虑问题。

麦克阿瑟的可信度由此大打折扣。人们开始意识到，在解除麦克阿瑟职务的问题上，杜鲁门总统看来并没有大错。随着听证会的

进行,社会舆论发生了戏剧性的逆转。5月下旬的一次民意调查显示,麦克阿瑟的民众支持率跌到了30%。坏运气接踵而至,他在得克萨斯州的巡回演讲以失败而告终,其中达拉斯的一场集会,只有区区两万多人参加。有人嘲笑说,这还不如一场中学生橄榄球比赛的吸引力。麦克阿瑟风光不再。第二年,麦克阿瑟又并不出人意料地输掉了共和党内部的总统初选。

在《最寒冷的冬天》一书中,作家大卫·哈伯斯坦姆做出了如下评论:"如果说麦克阿瑟的傲慢让总统暂时受到了伤害,它也让杜鲁门因此赢得了一场更大的赌局。事实证明,他是对的。尽管他在离任时的民意支持率降至最低点,但是他的声望在离职后一路飙升,被美国人认为是最值得尊重的总统之一,同时也是那个时代被严重低估的人物之一。这其中很大一部分源自他与麦克阿瑟对抗的勇气和策略。一直视杜鲁门为小人物的麦克阿瑟以一种奇异的方式,强化了杜鲁门的勇敢和正直的形象,让他显得更加高大伟岸。"

确实,时间才是最公正的裁判。在麦克阿瑟咄咄逼人的攻势面前,杜鲁门表现出了领袖应有的领导力。他并没有与之正面对抗,争一时一地之得失。相反,他把双方较量的战场,从社会舆论的狂热造势,转移到了听证会上的理性辩论;将争论的核心议题,从关注朝鲜战场这样一个局部,转变为关注美苏全球对抗的大局。正是这两个转变,使得麦克阿瑟的弱点暴露无遗,从而走下神坛。杜鲁门则得以从容不迫,一步步地扭转了被动的局面。

《孙子兵法》中在谈到用兵时有一句名言:"善战者,致人而不致于人。"战争的本质是围绕主动权的争夺。用兵的重要原则就是,在对抗的过程中,要调动对手而不被对手调动,塑造对手而不被对手塑造，控制对手而不被对手控制。其中的关键在于：不要在对手具有优势的领域，以其具有优势的打法与之抗衡；相反，要引导对手进入那些对己有利而对其不利的领域，以对己有利而对其不利的方式与之对抗，从而最大限度地发挥自己的优势，最大限度地暴露和利用对方的劣势。用毛泽东的话来说，就是"你打你的，我打我的"。这是竞争取胜的一条基本法则。杜鲁门的胜利，可以说再次证明了这条法则的价值。

麦克阿瑟失意的故事，或许可以告诉我们另一个道理，那就是粉丝其实并不如你想象得那么靠谱。易变性永远是社会心理的本质特征之一。那些尖叫的狂热可以如潮涌一般呼啸而来，也可以如潮退一般悄然而去。

互联网时代最牛的一句话，大概就是"无粉丝，不经济"。粉丝无疑是企业巨大的财富，但即使是号称"粉丝经济"的时代，企业也不能在粉丝的狂欢中迷失了自己。仅靠粉丝支撑起来的辉煌，注定是无法持续的。政治如此，商业亦然。

霍去病与马云：MBA 教育有用吗？[1]

把霍去病、马云与 MBA 搁在一起，乍看起来就是无厘头的混搭，其实不然，三者还真有关联。霍去病和马云这两个人，要是生活在同一个时代，八成是会相互欣赏的。这不仅仅是因为两个人都是极有天赋之人，更重要的是他们都对通过正规教育来培养管理能力颇不以为然。

霍去病的大名，可谓妇孺皆知。这位汉武帝时期的名将，17 岁起即以骠姚校尉的身份随大将军卫青出征，屡屡以长途奔袭的手段大破匈奴，尤其是经过漠北一战——"匈奴远遁，漠南无王庭"——一改中原王朝长期以来在与匈奴对抗中的守势。后人评价他"转战万里，无向不克，声威功烈震于天下，虽古之名将无以过之"。

对于这样一位天才级别的年轻将领，汉武帝自然十分器重。或许是因为霍去病少年征战，无暇读书，武帝想进一步培养他，便要教他学习孙吴兵法。没想到霍去病却说了一句霸气十足的话，"顾方略何如耳，不至学古兵法"（打仗看的是方略高明不高明，不必非得去学古代兵法吧）。

对这句话，马云想必一定会非常认同的。因为这句话换成今

---

[1] 本文刊于《商业评论》2015 年 3 月号。

天商业的语言就是：做企业，就看经营能力的高低，为什么非要读MBA啊！

马云几乎从不掩饰自己对MBA的"不屑"。据说他曾经公开表示，公司中95%的有MBA学位的高管都是不好的，不管这些人是毕业于哈佛、斯坦福还是国内名校。在前不久的某个场合，马云更是不无尖刻地说：那些本来还算聪明的员工，一读MBA就变傻了。

那么问题来了：兵法和MBA这对难兄难弟，到底是有用，还是没用呢？

我们还是从兵法说起吧。北宋有位兵学家叫何去非，他在《何博士备论》一书中，对"霍去病不学兵法"这段公案，早有一段精妙的点评，我们不妨引用来看。他说：

> 兵未尝不出于法，而法未尝能尽于兵。以其必出于法，故人不可以不学。然法之所得而传者，其粗也。以其不尽于兵，故人不可以专守。盖法之无得而传者，其妙也。法有定论，而兵无常形。一日之内，一阵之间，离合取舍，其变无穷，一移踵、瞬目，而兵形易矣。守一定之书，而应无穷之敌，则胜负之数庋矣。是以古之善为兵者，不以法为守，而以法为用。常能缘法而生法，与夫离法而合法。

这段文字，翻译成今天的白话大致是这样的：用兵之道都可以从兵法中找到根据，但现成的兵法却不可能穷尽所有的用兵之道。因为兵法可以解释用兵之道，所以人们不可以不学兵法。但兵法所能表达出来的，只是用兵的一般原则。由于兵法并没有穷尽用兵之

管理的历史维度

道,所以人们不可以拘泥于兵法的教条。那些兵法没有办法表达出来的,反而正是用兵的精妙之处。兵法总是有固定的结论,作战却没有不变的态势。一天之内,一阵之间,分散、集中、攻取、放弃,变化无穷,往往是一移步、一眨眼,作战的态势就已经完全不一样了。拘泥于兵法的教条,来应付不断变化的敌情,胜利也会变为失败。所以真正善于用兵的人,不是死守兵法的原则,而是以兵法为我所用。他们常常能够根据已有的兵法而发展出新的兵法,以及表面上违背了兵法,却在更高的层次上契合了兵法。

这段话,把兵法的价值与局限,讲得真是淋漓尽致。仔细琢磨一下便可明白,霍去病这样的名将之所以是天才,就在于他身上那种过人的悟性,那种用兵的直觉和本能。这种直觉和本能是如此宝贵的天赋,以至于一个没有学过兵法的人,依然可以在战争中学习战争,靠个人的领悟就能制定出杰出的取胜方略。

商业世界也是如此:有不少人,没有 MBA 学位,甚至没有像样的学历,但依靠过人的商业直觉与本能,加上非凡的毅力,同样可以在商业中学习商业,干成超出常人的事业,马云便是如此。

由此我们不能不得出这样的结论:在战场和商场,那些基本的原理确实是可以通过花费金钱和时间的方式学到,但过人的直觉、本能和悟性,才是现实中最稀缺的资源。

如果人人都有这样的直觉、本能和悟性,估计兵法和 MBA 大概就真的没有多大的必要存在了。问题是,并非所有的人都是霍去病和马云。不得不承认,我们身边的大部分人,都只是中人之资。那么,我们这些普通的大多数,如何能够像霍去病或马云那样成功,哪怕是最低标准的成功呢?

我们当然可以自己去打拼、自己去摸索、自己去琢磨、自己去总结，一步步地积累自己的经验，但是我们会经历很多失败、遇到很多瓶颈、走过很多弯路、浪费很多时间与资源，最后突然发现，自己接受的教训，别人早就已经接受过多少遍了；自己总结出来的经验，别人早就已经总结过多少遍了。

据说拿破仑被囚禁在圣赫勒拿岛时，偶然读到《孙子兵法》后大为感慨："如果早读过这本书，我就不会失败了。"

这个故事是真是假，已经无从考据，但在教学的过程中，我确实经常听到学员讲这样的话："如果早十年听到这门课，那我就不会是今天这样了。"

一个人的经验和悟性总是有局限性的，天才恐怕也不例外。兵法也好，MBA 教育也好，提供的是在无数人的经验教训的基础之上，总结出来的规律、原则和技能，让人可以更好、更快地理解自己和所处的这个世界，以及背后的行为逻辑。

但是，就像古人所说的那样："大匠能与人规矩，不能使人巧。"法度固然可以言传，妙法却必由心悟。照搬棋谱下棋，照搬套路搏击，照搬条令打仗，照搬 MBA 课堂学到的流程和模型来做管理，向来都是自取其败。MBA 教育可以教给学员的大多是商业的原则和技能，但原则和技能的具体运用，却需要学员自己去领悟；真正深层次的取胜之道，也只有靠个人去体会与总结。没有人会只靠书本打仗，就像没有人会只靠书本管理一样。

事实上，好的 MBA 教育，像好的兵法一样，提供的不是现成的行动指南，更不是唬人的谈资和包装，而是在总结经验的基础上，提供思维的启迪，包括对现象的洞察力和对事务的判断力。一

句话，提供的是活的智慧，而不是死的条文。

这就要求 MBA 学员一方面要尊重和学习前人或今人的经验，以及在此基础上总结出来的规律；另一方面，也是更重要的一方面，是要牢记"法有定论，兵无常形"的古训，把这些规律创造性地运用到自己的管理实践之中，并在实践中发展这些规律。用宋朝的武学博士何去非的话，就是"不以法为守，而以法为用。常能缘法而生法，与夫离法而合法"。这才是 MBA 学习应有的境界，这样的 MBA 教育，才能真正培养出有用的管理人才。

说起来，MBA 有没有用，其实是一个伪命题。兵法也好，MBA 教育也好，都是善用者生、不善用者死。我们固然不能因为历史上很多名将都喜欢兵法，就认为兵法是万能灵丹，包打胜仗；同样也不能因为有人学了兵法，却还是打了败仗，就认为兵法不但无益，反而有害。MBA 也应该作如是观。关键是我们的商学院应该提供什么样的 MBA 教育，以及 MBA 学员应该学什么、如何学。

你学，还是不学，兵法就在那里。你读，还是不读，MBA 就在那里。你看，那位口口声声说 MBA 没用的马云，不也当起了湖畔大学的校长、招起了准 MBA 吗？

不幸的李德与幸运的刘亚楼：
MBA 什么时候有用 [1]

在中国共产党党史中，来自共产国际的军事顾问李德基本上是一个负面的形象：身为"左"倾冒险主义军事路线的代表人物，这位"洋大人"既不审时，又不度势，遇到重大军事问题独断专行，犯了一系列严重的指挥错误，直接导致了中央苏区第五次反"围剿"的失败。

其实李德是一个传奇性的人物，来华之前他已经有了一份傲人的简历。他参加过第一次世界大战，参加过德国巴伐利亚革命，几次被捕，但几次都逃了出去。后来李德去了苏联，加入了苏联红军，并参加过乌克兰战役和白俄罗斯战役，由于战功显赫在苏联红军中晋升很快，做到了骑兵旅的参谋长。他还在著名的伏龙芝军事学院学习过，而且在学习期间，各科成绩全优。

丰富的实战经验和伏龙芝军事学院的优异成绩，是他被共产国际派到中国来的重要原因。埃德加·斯诺在《西行漫记》中对李德有这样一段评价：

---

[1] 本文刊于《商业评论》2016 年 9 月号。

李德无疑是一个具有过人才能的军事战略家和战术家。在第一次世界大战时，他在德军中就大露头角。后来他担任苏联红军指挥官，曾在莫斯科的一所红军学院学习过。因为他是德国人，红军将士都注意听他对德国顾问向蒋介石大元帅提出的战略战术分析。后来的事实证明，他们的信任是正确的。当南京将领们看到李德的一些分析他们的战术著作时，都惊奇地承认，他准确地预料到了他们进攻的每一个步骤。

这段评价应该说是客观的。遵义会议上，李德被解除了军事指挥的权力，但长征到达陕北后，中共中央还是请李德在红军大学教授战役学，并请他帮助训练红军的骑兵。这说明中共中央对他的军事理论水平还是充分肯定的。

李德有丰富的实战经验，也有很好的理论素养，但悲剧在于，他不了解中国的现实。苏联国内战争与中国的内战，特别是第二次国内革命战争迥然不同，苏联红军的作战方式与中国工农红军所采取的游击战加运动战有天壤之别。特别是李德在伏龙芝军事学院学习期间，苏联红军已经是一支正规的作战力量，中国的工农红军根本不可与之相提并论。用苏联红军的作战原则来指挥中国红军，结果注定是一场悲剧。

李德是在第五次反"围剿"开始之初进入中央苏区的。他本来是一个没有决定权的顾问，然而当时担任中共中央总书记的博古对李德的到来如获至宝，在第一次会议上就将军事指挥的权力交给了李德。而李德也立即按照苏联红军的模式对红军进行改造。他认为游击战的黄金时代已经过去，要红军彻底摆脱过去的东西，进行正规化建设，重新建立一套作战原则，要有固定的作战路线，要敢于和敌人打正规战、阵地战、堡垒战。毛泽东为红军总结出来的游击战和具有游击性质的运动战这样一些作战原则被全部否定，取而代之的是以阵地防御和短促突击相结合的作战模式，企图将敌人消灭在阵地前。

这样的打法，对于装备、训练与规模都远远不如国民党军队的红军来说无疑是灾难性的。最终在第五次反"围剿"中，红军付出了惨重的代价，不得不放弃根据地，踏上了漫漫的长征之路。这位伏龙芝军事学院的高材生，也因此写下了他人生中最大的败笔。

与李德相比，另一位伏龙芝军事学院的毕业生刘亚楼，却有着完全不同的命运。

早在红军时期，刘亚楼就是林彪手下的师长。林彪任中国人民抗日军政大学（简称抗大）校长时，刘亚楼先后担任过抗大训练部长和教育长。1939年年初，中共中央安排刘亚楼赴苏联进入伏龙芝军事学院学习，刘亚楼也因此成了李德的校友，接受了系统的苏联军事教育。苏德战争爆发后，刘亚楼加入苏联红军，参加过苏联卫国战争。1945年8月苏联对日本宣战后，刘亚楼化名王松，以苏军少校参谋的身份，随出兵远东（东北）的苏联红军回到了中国。

1946年6月，刘亚楼迎来了他一生中重要的转折点。四平战役之后，东北民主联军面临着从传统的运动战向"大兵团、正规化、攻坚战"的作战模式的转换，急需一位懂现代大兵团作战的参谋长。刘亚楼在红军时期就是林彪赏识的战将，在伏龙芝军事学院受过大兵团作战的训练，又有在苏联红军司令部的工作经验，三个条件结合起来，无疑是担任这一角色的不二人选。因此，尽管此前已经有了两位参谋长,但林彪和罗荣桓还是以东北局的名义,从苏联红军那里要回了刘亚楼,并联名向中央军委推荐他直接出任东北民主联军参谋长一职。

据说刘亚楼赶到哈尔滨上任时,林彪打破了从来不出门迎客的规矩,特地走出门来迎接,平时难现悦色的脸上也露出了笑容。林彪还讲了这样一句话:"你来了就好,你一个刘亚楼顶我三个参谋长。"

刘亚楼果然不负所望。他到任后做的第一件事情,就是从司令部入手,大刀阔斧地进行正规化建设。当时的东北民主联军司令部,不但机构不全、参谋奇缺,即使在职的参谋人员也大多没有受过基本的参谋业务训练,司令部甚至连一张完整的作战地图都没有。司令部建设跟不上,仗就很难打,经常贻误战机,林彪为此很头疼。

刘亚楼不愧在苏军吃过洋面包,做事又雷厉风行,仅两三个月的时间,司令部的面貌就发生了很大的变化:健全了地图科,办起了印刷厂,印出了第一批军用地图,解决了部队作战的燃眉之急;建立了测绘学校,培养了绘制军事地图的专门人才;开办了参谋训练队,提高了参谋人员的业务素养。数百名文化程度较高的干部被抽调上来进行专业的参谋业务培训,刘亚楼还翻译了《苏军司令部工作条例》《红军参谋业务条令》,并将其作为教材,他还亲自讲授"参谋业务"等课程。通信部门也得到了有效的整顿:先进的器材购置了进来,通信学校组建了起来,通信纪律规范了起来,一支得心应手的通信队伍出现了。

建立了高效的司令部机关,刘亚楼这个参谋长的作用被发挥得淋漓尽致。不管是敌我双方部队人员的素质、作战的特点、装备的数据，还是地形的分析、交通的情况、群众的条件、气候的影响，只要是林彪需要的作战材料，刘亚楼马上就可以准备好。刘亚楼提出的作战建议，也几乎没有不被林彪接受的。加上政委罗荣桓，"林、罗、刘"成了东北战场上的"铁三角"，三人既有分工又有配合，形成了最佳的领导组合。在"林、罗、刘"的领导下，部队纵横驰骋，无坚不摧，取得了辉煌的胜利，刘亚楼也因此成了林彪口中"全军最好的参谋长""天生的军事家"。

同样是毕业于伏龙芝军事学院，同样是执帅中共的军队，为什么身为共产国际顾问的李德如此失意，而曾经只是苏军少校的刘亚楼却成就了辉煌功业？这当然跟李德是德国人、不了解中国的国情、不了解中共的军队，而刘亚楼是中国人、熟悉中国的国情和中共军队的特点有直接关系，但其中还有更重要的背景，就是李德实在是生不逢时，而刘亚楼则是适逢其会。

李德出任共产国际军事顾问的时候，中共领导下的红军，还处于草创阶段，作战方式还是以游击战和游击性质的运动战为主，无论是人员、组织还是打法，都带有明显的草根特点。在这种情况下，李德在伏龙芝军事学院学到的正规的军队建设和大兵团的作战原则，与中共军队的发展水平相差甚远，因而也就很难在中共军队中发挥作用。非要应用到军队之中，只会适得其反。应该说，这是李德不幸的地方。

刘亚楼则不同。当刘亚楼从苏联回国的时候，中共的军队经过近二十年的发展，正在成为一支正规的作战力量，尤其是内战大规模爆发后，军队的作战方式正在向大兵团作战转换。在这种情况

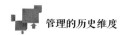

下,刘亚楼在伏龙芝军事学院和苏联红军司令部机关所受的训练,正好是部队在这一阶段极其需要的。这是刘亚楼从苏军中一名中下级的参谋而一跃成为东北民主联军参谋长的重要因素之一。不能不说,都是伏龙芝军事学院出身,但刘亚楼要比李德这位校友幸运很多。

今天的MBA毕业生,实际上也面临着与当年的李德和刘亚楼同样的问题。海外留学回来的MBA自不待言,国内MBA教育的课程体系,总体来说也大多受西方商学院的影响,传授的多是正规军的打法。这样的教育,这样的人才,在中国这块土地上到底管不管用?

不可否认,部分MBA毕业生进入中国的企业,尤其是民营企业以后,其表现并不尽如人意。这其中固然有MBA教育和MBA毕业生自身的问题,但非常值得关注的一个现象是:正规程度越高的企业,MBA毕业生的总体表现往往越好,MBA教育的作用发挥得越充分;而草根程度越高的企业,MBA毕业生的适应性往往越差,甚至有些人的表现还不如没有受过MBA教育的同事。

从李德和刘亚楼的不同命运我们可以看得很清楚,造成这种结果的一个重要因素,是企业处于不同的发展阶段,对于人才的能力其实是有不同的需求的。从一定意义上来说,MBA毕业生在企业中的命运,就是企业所处发展水平最好的折射。

因此,企业尤其是民营企业在用人的时候,就不应该盲目地对背景华丽的MBA毕业生心怀艳羡,而是一定要想清楚,在企业目前的发展阶段,究竟是不是一定需要MBA。这样也就可以避免一旦MBA毕业生在企业的表现不如预期,就走向另一个极端——说所有的MBA其实都不靠谱。相应地，MBA毕业生在选择就业机会的时候，也应该问自己这样的问题：自己所受的MBA教育，究竟是在什么时候有用？在什么地方有用？怎样才能更加有用？

或许，对于企业来说，这个问题思考清楚了，就会少一些第五次反"围剿"的失败，多一些辽沈战役的辉煌。对于MBA毕业生来说，则是少一些不幸的李德，多一些幸运的刘亚楼。

四渡赤水：
那些伟大决策背后的试错与学习 [1]

四渡赤水是红军长征途中一场具有决定性意义的战役。毛泽东曾经说，此役是他军事指挥生涯中的"得意之笔"，《长征组歌》中也有一句话："毛主席用兵真如神。"

然而当我们今天还原这一战役的过程时就会发现，四渡赤水并不是事先设计出来的，而是根据形势和环境的演变，不断调整行动方向的结果。

1935年1月19日，在遵义会议之后，红一方面军从遵义出发，兵分三路，向土城、赤水一带进军，准备北上打下赤水县城，渡过赤水河，而后在泸州上游渡过长江，到四川与张国焘的四方面军会合，在川西北建立新的根据地。然而在北上的过程中，一军团与南下的川军遭遇并失利，迅速打下赤水县城、打开北进通道的计划没有实现。接下来三、五军团在土城打掉尾随而来的川军追敌的计划也未能成功。红军因此陷入前后受敌的困境。

在这种情况下，中央决定西渡赤水河，进入川南的古蔺地区，准备执行遵义会议期间确定的第二方案，即沿兴文、长宁一线，在

---

[1] 本文刊于《商业评论》2014年6月号。

宜宾上游渡过金沙江。然而红军渡过赤水河后，再次遭到川军优势兵力的截击。显然川军已经加强了长江沿线的防御，在宜宾上游渡过金沙江的方案也不可能实现。为此中央决定迅速脱离川敌，向四川和云南交界的扎西集中。

1935年2月10日，扎西会议召开。毛泽东根据国民党认为红军还会寻求北渡长江的错觉，提出了一个大胆的计划：出其不意，回师东进，再渡赤水，向国民党兵力空虚的黔北地区进攻，以掌握主动，打开展战局。会议接受了毛泽东的提议，红军随即兵分两路，于2月19日至21日二渡赤水河，随后连下桐梓、娄山关、遵义，击溃黔军的8个团，外加中央军的2个师，取得了长征以来最大的一次胜利。

然而红军的形势并没有得到根本改变。遵义大捷之后，国民党再次调动大军，向遵义、鸭溪一带压了过来，从而又对红军形成包围之势。为了打破僵局，中央决定挥师西进，向鲁班场的中央军周浑元部发起主动进攻，以期打破包围、转移局势，并为红军在黔北站住脚，进而控制贵州打下基础。然而鲁班场之战红军迟迟未能有所进展，前来增援的国民党军队却已经到了红军的后方。在这种情况下，中央决定放弃攻打鲁班场，以避免陷入更大的困境。

鲁班场之战并未达成战役目的，但却起到了一个意想不到的效果，就是进一步吸引了国民党的主力西移。正是在这种情况下，毛泽东形成了一个大胆的设想，即从茅台镇三渡赤水，进行全军佯动，将国民党主力进一步引向川南，而后再出其不意，四渡赤水，折返贵州，以摆脱国民党军队。于是红军于3月16日在茅台镇三渡赤水，并派出一个团的兵力伪装主力进攻古蔺，诱敌向西，主力却

119

管理的历史维度

突然折向东北，于 3 月 21 日四渡赤水河，随即掉头南下，突破乌江，兵临贵阳，进到清水江西岸，做出大军即将东渡的姿态。国民党调动大军向东追击，红军却又突然急转向南，在贵阳和龙里之间突破国民党军队的防线，随即甩开大步，以一天 120 里的速度向国民党兵力空虚的云南急进，直逼昆明，尔后趁金沙江两岸国民党兵力空虚之际，北渡金沙江，最终突出了重围，摆脱了国民党几十万大军的围追堵截，为与四方面军在川西北会师创造了条件。

今天看来，四渡赤水的过程，就是红军不断地在机动中寻找北上机会的过程，也是一个不断试错与学习的过程。红军一渡赤水的时候并没有想到要二渡赤水，二渡赤水的时候也没有想到会三渡赤水。然而正是在借鉴一渡和二渡经验的基础上，毛泽东最终形成了通过三渡和四渡相结合，来调动敌人、摆脱追击的方案。如果说一渡、二渡还更多的是对形势的被动适应，那么三渡、四渡就是通过主动的行为来引导和塑造形势了。

商业领域中许多非常成功的战略，其实最早也是试错和学习的结果。20 世纪 50 年代末 60 年代初，本田摩托在进军美国市场时，曾对美国市场的特点进行过分析，结论是美国人的消费习惯是"更大、更奢华"，据此本田制定了以重型摩托车为主打产品的销售计划。尽管同时也推出了轻型摩托车，但本田认为这种产品并不适合美国市场。没想到的是，本田重型摩托车的销售业绩非常糟糕。就在这时，本田的销售人员在大街上跑来跑去时所骑的轻型摩托车，却引起了美国人的注意，本田因此还接到了著名的连锁超市西尔斯的求货电话。本田开始时还十分犹豫，担心轻型摩托车的销售会伤害公司在重型摩托车市场上的形象。然而在重型摩托车打不开市场的情况下，本田没有别的选择，只能推出轻型摩托车。戏剧性的一幕出现了：轻型摩托车在美国大受欢迎。本田顺势而为，围绕轻型摩托车大做文章，推出了一系列的营销手段。结果到1964年的时候，美国市场上每卖出两辆摩托车，就有一辆是本田摩托。

《孙子兵法》曾经用水来揭示用兵之道的本质："夫兵形像水。水因地而制行，兵因敌而制胜。""兵无常势，水无常形。能因敌变化而取胜者，谓之神。"水的特质就在于它的灵动性，在于它可以最佳地适应地形，随地形的变化而不断改变自己的形态。

水流如此，决策也是如此。无论是在战场上还是在商场上，环境都是战略最大的变量。而人的理性与认知能力都是有限的，在充满不确定性的环境面前，没有人对大势能够一步理解到位，没有人会事先看清所有的过程和细节，现实中的决策与行动也就往往不可能纯粹是事先计划的产物。普鲁士的元帅老毛奇有一句名言："在遭遇敌人的时候，没有任何计划能够保持一成不变。"大的机会与方向，往往是在不断地试探与行动过程中逐渐明晰起来的。因此，决策者更需要依赖于对环境的顺应和对未来的前瞻，而不是依靠此前的计划来取胜。保持行动与策略的弹性，保持选择的开放性，保持心智的流动性，保持对挫折的承受力，保持对未来的洞察力，在不断的试错与学习中理解大势的本质，而一旦机会出现，即果断地在选定的方向上投入强大的资源，从而取得长驱直入的突破，这样才能真正有效地驾驭变化的环境。

安庆会战：曾国藩的战略定力 [1]

李瀚章在评价曾国藩时曾说，"其过人之识力，在能坚持定见，不为浮议所动"（曾国藩这个人的过人之处，在于一旦看准了，就能够坚持定见，不为种种浮议所动摇）。用我们今天的话来说，就是战略定力极强。湘军历史上著名的安庆会战，便充分体现了曾国藩的战略定力。

安庆位于天京上游。对于太平军来说，保住安庆是保障天京安全的锁钥；对于湘军来说，夺取安庆则是进军天京的关键。为此，1859 年，曾国藩精心设计了安庆会战的计划。他的目的，是通过围攻安庆这样一个必争之地，逼迫太平军以主力来救，从而迫使太平军在安庆与湘军进行决战，以此消灭太平军的主力，夺占安庆，为湘军顺江而下、攻占天京创造条件。为此太湖之战后，湘军立即长驱直入，将安庆的太平军团团围了起来，准备实施既定的会战计划。

然而安庆会战的计划制订不久，曾国藩就遇到了来自各方面的压力，每一项压力都足以动摇其会战安庆的决策。这种压力，首先

---

[1] 本文刊于"腾讯·大家"2015 年 11 月 26 日，《北京日报》2015 年 12 月 7 日"理论周刊"（题为《谋事切忌为"浮议所动"》）。

来自当时的朝廷。

1860年,太平军以围魏救赵之计,先攻杭州,随即出其不意,回师攻破清军的江南大营,并乘胜追击,连下苏州、常州,江南于是全入太平军之手。江浙向来是清政府的主要赋税来源和粮食供应地,因而清政府十分重视,命令曾国藩放弃围攻安庆的计划,东下救援苏州、常州,并称,为今之计,自以保卫苏州、常州为第一要务。为了促使曾国藩能够撤围东援,清政府还授予曾国藩兵部尚书的头衔,以及署理两江总督的职务。苏州、常州都属于两江总督的辖区,新任总督的曾国藩有守土之责,自然必须完成收复苏州、常州的任务。

朝命当前,安庆会战还要不要打,便成了是否坚持曾国藩原定计划的关键。曾国藩分析了当时的形势,认为安庆之围决不可撤。他专门上奏朝廷,力陈安庆不能分兵的理由。他说,自古平江南之贼,必须占据上游,建瓴而下,才可以成功,战争初期清军本来是准备控制江浙的,然而几次进攻都以失败而告终,不但不能打下南京,反而丢掉了苏州、常州,这并不是兵力不够,而是因为从下游进攻上游,形势不利。目前这种局面,如果仍然先打苏州、常州,然后从东面进攻南京,必然要重蹈覆辙。所以绝对不应该分安庆之兵进军苏州、常州。即使要救援江浙,也要先克安庆、芜湖,这样才能得以以上制下之势。因此,安庆一军,目前关系到整个淮南的大局,将来即为进攻南京的张本,是整个胜利的基础,决不可撤。针对朝廷对太平军的担心,他强调说,虽然目前太平军声势很大,但只要拿定主意、立稳脚跟,形势就会慢慢地发生转变。否则,只能欲速则不达,不但苏州、常州拿不回来,连整个安徽地区也都会丢掉，现在的有利态势就会彻底失去。在曾国藩的坚持下，清政府终于不再坚持撤安庆之围的要求。

一波未平，一波又起。曾国藩刚刚解决了朝廷的压力，又面临军事形势的挑战。

1860年年底，太平军决定再用围魏救赵之计，南北两岸，夹击武汉，以解安庆之围。其中太平天国英王陈玉成所部进展神速，1861年年初连下英山、蕲水，随即攻下黄州，直逼武汉城下。当时湖北清军兵力极为空虚，只有三千绿营兵，根本不能打仗。听说太平军来攻，武汉三镇的官员富户逃之夭夭，正在太湖作战的湖北巡抚胡林翼急得吐血，骂自己是"笨人下棋，死不顾家"，要求曾国藩赶紧撤安庆之围，回师救援武汉。

胡林翼是湘军的二号人物，湖北又是湘军的后方基地，显然不能置之不理。但一旦回师湖北，安庆会战计划就必然落空。曾国藩在分析了当时的形势之后，做出了判断：太平军重心远在江浙，千里迢迢进入湖北的太平军，即使有破湖北之势，也无守湖北之力。武汉即使一时失去，也会马上收复，而安庆一旦撤围，却不可能再有机会了。太平军虽然进攻武汉，但是目标依然是安庆。因此无论武汉能否保住，总以太平军回来攻打安庆时湘军能不能坚持住，以定"乾坤之能转不能转"。如果安庆之围能坚持住，即使武汉落入太平军之手，湘军早晚会收复，"是乾坤有转机也"；如果安庆之围坚持不住，即使武汉没有什么闪失，太平军的声势也会大涨，"是乾坤无转机也"。因而他下定决心，即使武汉落入太平军之手，围攻安庆的湘军仍然不可退，"吾但求破安庆一关，此外皆不遽与之争得失，转旋之机只在一二月可决耳"（我只求就打破安庆这一关，此外，所有的地方太平军你尽管拿去，我都不要了。大局的转折点，只一两个月就可以决定了）"。他还给在安庆前线指挥攻城的曾国荃写信说，"此次安庆之得失，关乎吾家之气运，即关系天下之安危"（这一次安庆争夺的得失，关系到我们曾家的气运，也关系到天下的安危，必须全力相拼）。

在曾国藩的坚持下，曾国荃的湘军不惜一切，虽拼死却不能解安庆之围。正如曾国藩所料，陈玉成进攻武汉受阻，不得不直接回师救援安庆，来回折腾，反而给了湘军以最好的机会，最后太平军不但未能解安庆之围，陈玉成也在转战途中牺牲，部队全军覆没，安庆和整个安徽由此落入湘军之手。从此天京上游再也没有屏障，太平天国的命运也由此决定。太平天国总理朝政的洪仁玕后来在反思太平天国的历史时，认为太平天国最大的失误之一，就是安庆落到了湘军之手："安庆一失，沿途至天京之城相继陷落，不可复守矣。"

在湘军之中，胡林翼的见识与品德都不在曾国藩之下，然而胡林翼的成就却不如曾国藩，非常重要的一个原因，就是胡林翼缺乏曾国藩这样的定见。用曾国藩的话说，胡林翼"于久经谋定之局，每至临事变其初计"，即对于大家已经商定的方案，一遇到大的压力，就容易出现动摇，临时改变计划。安庆会战就是其例。

人生总是会遇到各种各样的挑战，领导者所遇到的挑战，往往要远远超出常人。一个人如果缺乏坚强的意志，往往就会以环境为借口，随意地放弃应该达成的目标。曾国藩曾说，"凡发一谋，举一事，必有浮议摇撼"（凡是你提出一个计划、开始一项行动，一定会有各种各样的议论来动摇你的决心）。"天下事只在人力作为，到山穷水尽之时自有路走。""凡事皆有极困极难之时，打得通的，便是好汉。"如果刚刚受到挫折，或者听到别人不切实际的议论就心情沮丧、改变计划，那是成不了事的。因此对于领导者来说，既要有过人的见识，而在看明白以后还要有一种坚持、一种定力、一种意志、一种"倔强之气"。这样的战略定力，是优秀的领导者所必须具备的品质。

希特勒的直觉：
从独具慧眼到自我毁灭 [1]

几乎所有了解第二次世界大战这段历史的人，都会对希特勒在军事上的直觉留下深刻印象。军事学家利德尔·哈特（Liddell Hart）曾评论说，希特勒常常与他的军事专家意见相左，而事实又往往证明他是对的。当德军中大部分军事专家因为保守谨慎而缺乏创见的时候，希特勒的独具慧眼便显得更加难能可贵。

1940年德军入侵法国，原定作战方案是将装甲集群主力集中于右翼的B集团军群，由其在布鲁塞尔北面发动主要突击，担任左翼的A集团军群则在法国的东部边境担任助攻。这一方案，事实上是"二战版"的施利芬计划（参见本书《施利芬计划：你无法保住一切》）。时任A集团军群参谋长的曼施坦因对这一方案提出异议，认为依此方案难以取得决定性的胜利。他提出了一个大胆的设想——将装甲集群主力转至左翼的A集团军群，以比利时南部和卢森堡之间的阿登高原为主要突击方向，以切断英法军队的后路。

然而，德国陆军部认为曼施坦因的这个设想令人匪夷所思，所以断然拒绝了。曼施坦因坚持己见，陆军部不胜其烦，为了彻底

---

[1] 本文刊于《商业评论》2014年10月号。

打消他的念头，陆军部干脆解除了他的参谋长职务，任命他为步兵38军军长。依照惯例，上任之前曼施坦因首先要谒见希特勒接受训示。于是不甘心的曼施坦因趁机将计划面呈希特勒，没想到希特勒立即意识到这一计划的巨大价值。最后，曼施坦因的计划起死回生，德军攻击的重心移到了Ａ集团军群。结果，德军仅用了36天就迫使法国投降。

希特勒的直觉清单，还可以再列上一大串。比如，他比总参谋部更早认识到装甲部队机动作战的潜在威力，运用空降兵实施突袭完全来自他的灵感，正是他判断出盟军会在诺曼底实施登陆，等等。他在出兵莱茵兰、苏台德以及波兰等问题上的决策，更是体现出他在局势判断与机会把握方面确实有过人之处，这与那些犹豫不决的将军形成了鲜明对比。

遗憾的是，当接二连三的胜利使希特勒在世人面前大出风头的时候，当军事专家们的失策反衬出他的高明的时候，当戈林和弗罗姆这些身边人变本加厉地不断吹捧的时候，希特勒也越来越自负地认为自己具有超出常人的"天启"一般的直觉。

事实上，希特勒在第二次世界大战初期的战略直觉之所以看起来几乎万无一失，与其说是因为他的英明，不如说是由于英、法在外交与军事上的一连串失误给他的胜利提供了绝佳的机会。对手的失误所提供的系列机会，加上希特勒过人的眼光和冒险的天性，使德军的行动有了相当大的成功的可能。

然而，战争历史一再表明，尽管过人的直觉会带来辉煌的胜利，但从长远来看，建立在专业技能基础上的精准运筹，才具有更高的取胜概率。而希特勒最大的弱点就在于，他具有很强的军事天赋，却缺乏扎实的战略战术训练和能力。对此，曼施坦因曾经有过公正的评价："希特勒对于作战机会的把握独具慧眼，一旦发现便能迅速抓住，但他缺乏对作战思想实施的前提和可能性的判断力。作战目标和由此产生的作战的空间性，必须与所需的时间和兵力相适应，对后勤补给也有很大的依赖，而希特勒缺少对这种关系的理解力。"如果说在战争之初，统帅对机会的把握往往是取胜的关键，那么战争一旦演变为持久的对抗，就越来越考验对抗双方整体的战略运筹能力。

曼施坦因认为，如果希特勒有一位富有经验和责任心的总参谋长，而他又充分信任这位总参谋长并能听取咨询，那么他的弱点至少能得到某些弥补。利德尔·哈特也认为，希特勒的战略直觉和德军总参谋部的战略运筹结合在一起，本当产生压倒一切的力量。然而，胜利带来的狂妄，已经使希特勒不愿与下属分享决策的权力与成功的荣耀，也使他不能容忍下属从专业的角度指出他决策中所存在的问题。

有历史学家曾经评论说：如果希特勒能够听取不同的忠告，比如布劳希契在敦刻尔克问题上、加兰在不列颠之战期间、曼施坦因在斯大林格勒战役时、隆美尔在阿拉曼战役前、古德里安在库尔斯克会战前，以及许多将领在其他场合提出的积极建议能够得到希特勒的认同的话，德国将处于更加有利的战争地位。但事实是，那些试图向他提出告诫的高级将领们——哈尔德、蔡茨勒、古德里安、曼施坦因、克卢格——一个个都被他先后革了职。军事专家的意见没有什么分量，哪怕他们对战况的看法更为正确。希特勒这样做的结果是，德军根本就不存在一个完善的军事领率机构，也没有任何机构被授权制订战争计划,所有人都在等候"元首的直觉",如果没有最高统帅部的指令,德军连一个集团军群都无法行动。甚至任何一次行动,只要兵力超过一个营,都必须向希特勒请示。德军从事的战争越来越成为希特勒"一个人的战争"。

而自认为是最伟大战略家的希特勒,相信自己即使坐在办公室里也会比前线的军官们更能洞察一切。然而正如曼施坦因所说的那样,希特勒手中的情况图,尽管上面对每一个细节都做了标记,却绝对赶不上前线战事的发展。更不用说他在遥远的后方根本无法判断前方的行动什么是正确的、什么是必要的。由此希特勒不停下达的指令,只能束缚和损害下级的指挥。

更要命的是,当形势的发展与希特勒的期望不一致时,希特勒却深信自己依然具有预测和掌握事态发展的能力,深信自己的意志终将取得胜利。他拒绝听取下属们有关敌人兵力占优势的报告,不管报告是多么的现实;他拒绝接受将领们出于基本的军事原则对他提出的规劝,不管规劝是多么的合理。在自大与自欺的双重推动下,希特勒的直觉一步步变成了脱离现实的异想天开。1942年秋,他告诉曼施坦因,他准备在1943年派一个摩托化集团军群经高加索向近东继而向印度突击。曼施坦因这位当时德国将领中最出色的战略家,毫不客气地指出希特勒的主张就是胡说八道。然而希特勒从来没有从自己的荒唐中吸取教训,相反却不断犯下一个又一个灾难性的错误。

不管是在军事还是商业领域,战略上的直觉,向来都是最稀缺的领导天赋。直觉决策从来都为领导者所看重,战场和商场上也从来不缺乏依靠领导者的直觉而成功的案例。然而从希特勒身上我们看得很清楚,过度的自信与狂妄会使领导者因偏于相信自己的直觉而无法建立起有效的决策机制,最终使组织失去基本的理性决策的能力。曾经引向成功的直觉,也就变成了令其不可自拔的陷阱。因此,当一名领导者成为独断专行的"超人"的时候,不受制约的"天才直觉"所蕴含的,恰恰是导致组织走向自我毁灭的种子。

如何复兴衰退的企业：
企业振衰起敝四步曲[1]

柯达、索尼、夏普、戴尔、摩托罗拉、诺基亚、北电网络、思科、雅虎、英特尔、黑莓、HTC……或许这一连串的名单中还应该加上微软。这些曾经如日中天的企业，却大多陷入了绩效衰退、欲振乏力的困境之中。我们所处的这个时代，随着技术的进步、需求的变化、竞争的加剧，明星企业的衰退似乎越来越成为常态。

每个企业都梦想基业长青，但真正做到基业长青的企业却并不多，再辉煌的企业也可能陷入衰退。企业一旦陷入衰退的困境，所面临的往往是市场萎缩、客户流失、产品乏力、利润减少、财务亏损、资金断裂、战略迷失、士气低落、失去相关利益者的信任等一系列的困境。复兴衰退的企业从来都是复杂而困难的，许多企业无法摆脱衰退的困局而退出历史舞台，但有些企业却能够扭转乾坤，得以复兴。究竟应该如何复兴衰退的企业？

一个有效的企业复兴战略，应该把握好如下四个依次递进的环节：辨识病因、扭转颓势、明确战略、高效执行。

---

[1] 本文刊于《中欧商业评论》2014年第10期。

第一步：辨识病因

成功实现企业复兴的第一步，是必须识别出导致企业陷入衰退的原因与问题，然后才有可能对症下药。导致企业衰退的原因往往非常复杂，既可能是内部的因素，也可能是外部的原因；既可能是运营性的因素，也可能是战略性的问题。而更大的可能是，导致企业衰退的因素是复合性的。不同的归因必然导向不同的战略决策。如果企业衰退的原因是运营性的，显然只需要采取运营性的复兴战略。而当企业衰退的原因是战略性的时候，就必须采取战略性的变革了。

昔日业绩辉煌的企业之所以陷入衰退，一个普遍的原因是陷入了"赢家的诅咒"。英特尔通过与微软的合作统治了1/4个世纪的PC市场，尽管英特尔早就研发出了移动芯片，但PC市场的丰厚利润，却使英特尔失去了对移动市场的渴望，英特尔因此而错失发展平板电脑的机会。当英特尔意识到属于它们的旧世界正在崩塌的时候，却发现自己已经失去了向移动市场转身的机会与能力。柯达依靠利润率高达80%的个人影像业务，1981年的销售额就突破了100亿美元。然而正是由于沉溺于利润丰厚的个人影像业务，率先发展出民用数码相机技术的柯达却在数码时代到来时无法完成转型，最终走上了破产之路。

从商业史来看，当企业在一个领域中处于垄断性地位的时候，往往就会忽视创新与产品质量，把重心放在短期内可以带来最大利润的销售上。短期利润最大化的驱动无疑透支的是企业的未来。在乔布斯看来，IBM、微软包括苹果的衰落，都是因为这个原因。

并非所有的企业都能找出导致企业衰退的问题。研究表明，在企业业绩好的时候，管理层往往倾向于将功劳归于自身的能力；而在业绩差的时候，管理者又往往会将问题归于不利的环境。在这样的情况下，企业衰退的真实原因便经常会被扭曲或掩盖。不能识别出企业衰退原因的企业，是无法走向复兴之路的。

这也是很多企业为了摆脱衰退的困境，往往会选择更换CEO的重要原因。苹果的复兴与乔布斯有关，松下的复兴与津贺一宏有关，IBM的复兴与郭士纳有关。今天的人们显然在观望，纳德拉的上任能否给微软带来复兴的机会。

更换CEO是不是企业摆脱衰退的必要条件，学术界存在着很大的争论。有些企业没有更换CEO，也实现了复兴。有些企业更换了CEO，最终还是陷入了破产清算。但一般来说，陷入衰退企业的现任CEO，出于自我辩护的潜在意识，往往会本能地将企业所面临的困境归因于外部环境中的客观因素，如经济形势的不利等，其结果往往是无法对企业衰退的原因做出符合事实的判断，也无法做出有效的应对衰退的决策。当现任的CEO出于自利的原因，而故意扭曲企业所面临的问题，从而不会主动采取变革的战略，或者是出于能力的原因，而无法认清企业所面临的问题，又或者即使认识到问题也无力改变的时候，CEO本身就会成为企业衰退的一部分原因，这时只有更换CEO才能给企业带来战略变革的机会。

郭士纳领导下的IBM就是一个极好的例子。IBM过去的成功使其变得"傲慢而自信"，管理层沉醉在自身技术的良好感觉中，而忽视了客户的需求。郭士纳作为一个外来的CEO，并不懂IT技术，但他曾经是IBM的客户，以往的采购经验让他非常清楚IBM的问题所在。正因为如此，他才能够找准IBM的问题，并找到了复兴IBM

的药方,那就是重新确立以客户为中心的导向,且将最大限度地解决客户需求并实现业绩增长的 IT 服务业务定为公司转型的核心。

在中共历史上,遵义会议的意义也在于此。在总结第五次反"围剿"失败的原因时,博古、李德将失败的原因归于敌人的力量过于强大、革命的力量过于弱小,失败是客观因素造成的。而毛泽东、张闻天等人则将失败的原因归于博古、李德在军事指挥上的错误,失败是主观因素造成的。会议接受了毛、张等人的意见,完成了领导人的更替,也就实现了战略方针的变革,从而"挽救了红军、挽救了党"。

第二步:扭转颓势

成功实现企业复兴的第二步,是必须在最短的时间内控制并扭转企业衰退的态势,解除迫在眉睫的生存危机。

2009—2013 财年,松下集团在 5 个财年中经历了 4 个财年的亏损。新任社长津贺一宏接手松下后,第一个中期计划中最重要的目标就是"为亏损业务止血",用津贺一宏的话说:"我们将刻不容缓地消除亏损,并放眼未来开辟道路,以不屈的决心面对一切。"基于此,松下为各事业部设定了营业利润率为 5% 的目标,对于不达标的业务,将根据其必要性以及和其他事业的协同性,做出继续或停止的决定。比如,2013 年松下撤出智能手机市场,停止了等离子面板生产,剥离了半导体业务。2014 年年初,松下又决定不再生产等离子电视。通过果断地剥离非营利部门,2013 财年下半年,不仅一举扭亏为盈,还实现了近 1 700 亿日元的净利润。到 2015 年,松下集团中凡是出现赤字的业务,都会被无情地砍掉。

为了达到止血的目的，许多企业都会采取紧缩战略，包括削减成本、出售资产、裁减人员、收缩业务等。但并不是所有成功复兴的企业都会采取紧缩战略，也并不是所有采取紧缩战略的企业都会成功复兴，紧缩战略只是企业控制衰退范围和程度的可选手段之一。是否采取紧缩战略、采取多大强度的紧缩战略、采取什么样的紧缩战略，取决于管理层对于企业所陷困境的程度及原因的判断。

紧缩战略的目的是为企业复兴赢得宝贵的时间与资源。当形势的发展已经超出企业所能控制的范围的时候，发展出一套紧缩战略往往是必要的。企业不能因为感情的难以割舍而影响了理性的决策。相反，在采取紧缩战略时必须果断迅速。普鲁士的腓特烈大帝曾经说过一句话："什么都想守住的人，必然什么都守不住。"在陷入衰退的情况下，企业为了全局和长远的利益，往往必须果断地牺牲局部和暂时的利益。衰退中的企业要想保全自己，就必须有敢于放弃与敢于收缩的勇气，必须有以退为进、以舍为得的智慧。

但是，企业采取紧缩战略一定要有次序，不能乱。企业不能只是为了获取资金，而误将那些有较大未来获利潜力的业务出售出去。紧缩战略的目的是通过有步骤的收缩，来提升自己的地位，调整自己的产业结构，将资源集中到未来有前途的业务上，使企业重回增长的轨道。松下能够扭亏为盈，就是因为在紧缩的同时，将优势性的技术延伸到了车载产品、住宅和B2B解决方案等领域，从而成功实现了业务转型。从这个意义上说，成功的紧缩并不是落荒而逃或消极退守，而是为了给未来更好的进攻创造条件。只有这样的紧缩，才是积极的、有意义的。

在扭转颓势的过程中，对于企业来说最大的挑战就是如何恢复组织的士气以及投资者和消费者对组织的信任。士气的恢复尤其至关重要。对于士气不振的组织，有再好的战略也是没有用的。而丢失市场、收缩业务、裁减人员、削减开支，都会对组织的士气形成致命的打击。无力和沮丧这样的消极情绪一旦蔓延开来，就会使企业陷入螺旋式衰退的怪圈。成功扭转组织颓势的管理者，取得成功的一个前提就是恢复了下属对组织的信任。管理层一定要及时对员工的心理进行干预，寻求和利用那些哪怕在平时看来微不足道的成功，来建立信心和恢复士气，从而带领下属走出衰退的心理阴影。

第三步：明确战略

成功实现企业复兴的第三步，是在确保企业安全与稳定的前提下，制定出新的成长性战略，从而恢复组织的方向感。企业衰退只是一个表象，衰退的背后是企业战略方向的迷失。一个好的复兴战略，扭转颓势只是第一步，它还必须为企业找到新的方向。

衰退的现实表明，过去曾给企业带来成功的战略，已经不符合当前的大势。管理层必须对外部环境和内部资源进行全新的审视，把握住行业发展的趋势和机会，并果断地将关键的资源投入这个新方向。

在引导IBM复兴的过程中，郭士纳把IBM未来的命运，押在了两个赌注上：一个是行业发展的方向，另一个是IBM自身的战略。郭士纳对行业发展方向的赌注是，在未来的10年中，顾客将逐渐看重那些能够提供整体解决方案的企业，信息技术产业也将变成以服务为主导的产业，而不是以技术为主导的产业；同时，将出现一种网络化的计算模式，代替1994年出现的PC主宰世界的局面。而IBM所拥有独特的竞争优势，就是为顾客整合所有的电脑产品零件的能力。郭士纳的结论是，计算世界将会以一种有利于发挥IBM传统优势和资质的方式发生转型。以此判断为基础，郭士纳确定了变革主机业务、拓展服务业务、做大软件业务的战略，并快速重组资产和机构，将大部分的资源用于购并新技术和开发新战略。事实证明，郭士纳对行业发展方向的预见是非常准确的，IBM因此引领了行业的发展，并一举扭转了乾坤。

在斯库利担任CEO时，苹果一度陷入战略漂移而失去了方向，结果苹果出现了巨大亏损，斯库利被迫下台，两个继任者也回天乏力。乔布斯接任后，顺应了互联网和多媒体技术的大潮，做出了从单纯的PC转向数字电子消费品的生产的战略决策。2001年苹果发布的首款iPod音乐播放器，标志着数字音乐革命的开始，2007年苹果推出的iPhone掀起了一场手机革命，2010年苹果推出的iPad进一步将苹果的复兴推向了一个新的高潮。

战略方向对企业复兴来说非常重要，有了清晰的方向感，才能使企业找到正确的复兴路线。战略方向源于对未来趋势的前瞻性判断，源于领导者高瞻远瞩、审时度势的能力。缺乏方向感对于衰退的企业往往是毁灭性的。衰退企业可以动员的资源和可以利用的时间本身就是有限的，而为了企业复兴而采取的行动，又必然会耗费大量的资源。衰退企业无法承受大的资源浪费，也不可能有太多的试错机会。否则，在找到正确的战略方向之前，企业就很可能已经陷入破产清算或被并购的境地。

第四步：高效执行

战略一旦确定，执行就是关键。只有高效的执行才能快速地提升企业的绩效，阻止衰退的继续，挽回利益相关者的信心，并使企业把握住复兴的机遇。因此，战略执行的有效性非常重要。

衰退企业要想进行有效的执行，往往需要进行流程的再造和管理体制的改造，以提升组织的效率。郭士纳在IBM进行了去官僚化的流程再造，而津贺一宏则在松下进行了去中心化的体制改造，从而赋予各事业部门更大的自主性，以强调权责和提高执行力。昔日的辉煌往往会使企业变得庞大、臃肿、缓慢而效率低下，而一个无法破除官僚主义的企业，是不可能走上复兴之路的。

有效的执行还有赖于管理层投入巨大的精力与员工进行沟通，把企业的战略以及价值观清晰地传达给所有员工，并且在每一个行动中强化这种价值观，从而使员工理解并支持复兴的战略。上下同欲者胜，郭士纳在IBM复兴的过程中花费了大量时间与员工进行沟通，因为他很清楚，复兴的重任是CEO一人无力承担的，复兴需要说服所有的员工共同参与进来才有可能成功。

有效执行的关键，是员工对企业的复兴目标必须高度地认同，对企业的未来必须有充分的信心。如果说战略提供的是方向感，那么执行需要的是员工自发、自觉地将战略转化为行动的动力。当组织中的每一个成员都相信并能感受到自己工作的意义，有一种强烈的自豪感、认同感和投入感时，就会毫无怨言地为企业的复兴去主动付出。当企业的各级员工都自觉地投入企业的复兴大业时，企业的复兴就能获得最强大的动力。正如柯达一位管理者所说的那样，企业的复兴过程就像一次"长征"："如果你相信共产主义，哪怕你走在草地上也不觉得有什么问题,因为你相信共产主义最终会赢,你相信你做的事情是有意义的。"

班固在《汉书》里面说过这样一句话:"善师者不阵,善阵者不战,善战者不败,善败者不亡。"没有一个企业会永远辉煌,所有的企业都会经历衰退。最忌讳的是胜则一日千里,负则一败涂地。而伟大的企业可以衰退,但永远有卷土重来的机会。它可以散而复聚、死而重生,表现出强大的生存和适应能力。马云说:"一支强大军队的勇气往往不是诞生在冲锋陷阵之中,而是表现在撤退中的冷静和沉着。"曾国藩说:"凡事皆有极困极难之时,打得通的,便是好汉。"尼采说:"凡是不能杀死你的,最终都会让你更强。"复兴是企业重组和升级的最好机会,逆境反而会逼出企业内在的生存活力,逼着企业升级自己的竞争优势,找到新的发展机会,从而拉开与对手的距离。复兴衰退的企业对于领导者来说毫无疑问是一个考验,然而当企业能够把复兴变成脱胎换骨的机会时,企业就会走向更大的辉煌。

管理的历史维度

团队打造

长征启示录：
逆境中你得这样带团队[1]

今年是长征胜利80周年。长征是在挫折和苦难中寻找重生的希望的历史，是把走投无路的败退转为走向新的胜利的历史。对于今天的中国企业家来说，长征则是最好的逆境领导力案例。回顾长征的历史，逆境领导力的核心在于以下五条：以舍为得、因势利导、灵活机变、坚定信念、价值驱动。

逆境领导力之一：以舍为得

什么都想保住的人必然什么都保不住，在不利的环境下，为了维护全局的、长远的利益，往往必须果断地牺牲局部的、暂时的利益。逆境中的组织要想保全自己，就必须有敢于放弃与敢于收缩的勇气。

毛泽东曾说："常有这样的情形，就是只有丧失才能不丧失，这是'将欲取之，必先与之'的原则。……我们在敌人第五次'围剿'时期的蚀本正因为这一点。不愿意丧失一部分土地，结果丧失了全

---

[1] 本文刊于《商业评论》2016年3月号，原标题为《长征：一个逆境领导力的标本》。

管理的历史维度

部土地。"第五次反"围剿"时国民党50万大军分6路进攻中央苏区，李德提出的口号是"御敌于国门之外"，寸土必争。最后的结果是70多个县只剩下6个县，中共中央被迫做出战略转移的决策。长征出发的时候，什么都不想丢，坛坛罐罐全部带上，结果湘江一战，损失惨重，坛坛罐罐也全部被打碎。湘江之战用最血腥的方式证明了什么叫"想保住一切的人什么也保不住"。

战争的基本目的是保存自己、消灭敌人。在形势有利的情况下，要积极消灭敌人；在形势不利的情况下，保存自己就成为首要目标。在逆境中，活下来才是王道。在逆境到来的时候，关键是要理智地承认处于逆境的事实。当形势的发展已经超出自己所能控制的范围时，就必须以壮士断腕的勇气，发展出一套撤退与收缩的战略，而不能因为感情难以割舍的因素而影响了理性的决策。

逆境领导力之二：因势利导

没有人能够跟大势对抗，高明的战略家往往就高明在审时度势、顺势而为上。"势"是不同趋势的组合，关键是在整体的逆势之中找到有利之势，将整体的劣势转为局部优势，从而取得逆势之下的扩张动力。

被迫长征，是中国共产党在土地革命战争中遭受重大挫折的标志。但是就在同时，由于日本人入侵华北，民族矛盾迅速激化，抗日呼声空前高涨，一个新的大势正在兴起。长征出发时中国共产党顺势而为，打出了"北上抗日"的旗号，从而给这支败退的军队找到了生存和发展的理由。埃德加·斯诺在《西行漫记》中评价说："红军的西北长征，无疑是一场战略撤退，但不能说是溃退，因为共产党人认为，而且显然也这么相信，他们是在向着抗日前线进发，而且这是一个非常重要的心理因素，这帮助他们把原来可能是军心涣散的溃退，变成一场精神抖擞的胜利进军。进军到战略要地西北去，无疑是他们大转移的第二个基本原因，他们正确地预见到这个地区对中、日、苏的当前命运将起决定性作用。后来的历史证明，他们强调这个意愿是完全对的，这种宣传上的巧妙手法必须看成是杰出的政治战略，在很大程度上，这是造成英勇长征得以胜利结束的原因。"

"以弱胜强，必因势也。"关键取决于领导者是否具有洞察未来大势的能力。在不利的大势中找出潜在的有利之势，才能因势利导、顺势而为，把逆境变成组织成长的最好机会。

逆境领导力之三：灵活机变

在整体形势不利的情况下，领导者必须有灵活变通的能力。保持战略的柔性，保持组织的弹性，保持决策的灵活性与机变能力，一旦有突破的机会便迅速投入强大的力量，是逆境中突围的重要法则。

长征的过程，实际上是一个不断调整计划的过程。长征一开始是要到湘西与贺龙、萧克的二、六军团会合，在湘西建立新的根据地。湘江之战后蒋介石已判断出红军下一步的行军方向，并提前做出了部署。针对这种情况，毛泽东提议红军放弃北上湘西，改为西进贵州，以遵义为中心建立新的根据地。然而红军到了遵义发现，这一地区并不适合建根据地。在刘伯承、聂荣臻的建议下，中央决定北渡长江，与四方面军会合，在川西北建立新的根据地。然而红军到了川西北后发现，这一地区也不适合建根据地。就在这时，围

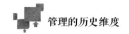 管理的历史维度

绕下一步的行动方向,中央与张国焘之间发生了"南下、北上"之争,最终中央被迫单独率领一、三军团北上。在北上的时候,红军依然不知道究竟要到哪里去。直到抵达哈达铺,在国民党的报纸上发现陕北有刘志丹的部队,这才明确提出了"到陕北去"。

环境是战略的最大变量。逆境突围的路线,往往是形势和环境塑造的结果,而不是事先设计出来的。人的理性总是有限的,没有人从一开始就能看到结果,没有人对形势的理解从一开始就可以一步到位。领导者所能做的是适应环境的变化,在混乱中寻找机会,在动态中创造机会,打得赢就打,打不赢就走,保持战略的弹性,保持组织的柔性,从而在不断的调整中找出属于自己的突围方向。

逆境领导力之四:坚定信念

从最坎坷的经历中寻找积极的意义、从最严峻的考验中汲取力量和智慧,是优秀领导者的重要品质。越是在逆境之中,领导者越没有沮丧的权利;越是处于充满负面信息的环境中,领导者越要给予组织以充分的信心。

长征快到达陕北的时候,中央红军由出发时的86 000人,仅剩下了7 000余人,按照周恩来的话来说,红军已经被拖的只剩下了一副骨架子。未来也是不确定的,没有人知道还有什么在等待红军。但是毛泽东在登上六盘山后,写下了那首著名的词:

天高云淡,望断南飞雁。不到长城非好汉,屈指行程二万。六盘山上高峰,红旗漫卷西风。今日长缨在手,何时缚住苍龙。

在这首词中，你看不到丝毫的沮丧和迷茫，相反你能感觉到的是兴奋、信念、乐观、豪迈，以及必胜的信念。这就是领导者，在别人沮丧和迷茫的时候，他能用自己的内心之火，来重新点燃人们的信念之光。

没有绝望的形势，只有绝望的人。那些将组织从崩溃的边缘拉回来的领导者，一个共同的前提就是恢复了组织的士气。在逆境中每个人往往都不得不经历心理上的大逆转。逆境中领导艺术的核心就是在人们的心灵中重新激发起对战斗的渴望，以及对战争胜利的信心。而这一切的前提，在于领导者本身必须具有坚定的信念和坚强的意志。

逆境领导力之五：价值驱动

越是在困难的时候，越应该强化团队的凝聚力。而真正能够超越生死与利害的，是组织的价值追求。只靠利益凝聚的团队只能是雇佣军，形不成历经苦难而牢不可破的战斗的力量。在逆境中，共同的价值追求所形成的凝聚力比任何时候都更加深刻、更加清晰。

可以想象，两万五千里长征，如果是一支军阀的军队，早就已经散掉了。红军是一支让很多人无法理解的军队，衣不蔽体，食不果腹，装备极差，每天面临死亡，却历经苦难而不溃散。为什么？因为这确实是一支有信仰、有理念的军队。在共产党的政治教育下，战士知道自己是为何而战、为谁而战。这就是红军中的士兵，可以爬雪山过草地，可以不畏生死。价值驱动充分激发出人在精神层面的力量。在物质极其匮乏的情况下，价值信仰成了凝聚团队的核心。

班固在《汉书》里面说过这样一句话:"善师者不陈,善陈者不战,善战者不败,善败者不亡。"红军这样的队伍,可以失败,但永远可以死而复生、散而复聚,可以卷土重来。从今天的角度来看,长征其实是一个大浪淘沙的过程。长征为中国共产党选出了毛泽东这样的领袖,并为毛泽东打造出了一支铁的队伍。剩下来的都是精英,从此再也没有什么力量能把他们分开。这样的苦难都经历了,还有什么样的苦难不能经受呢?经过长征的每个人从此都有了天命的感觉,长征也在中国历史上因此有了神圣的意义。

伟大的组织往往是在逆境中成长起来的。在逆境中优秀的领导者可以最大限度地调动和发挥自身及团队的潜能。最苛刻的环境反而会逼出组织内在的生存活力,逼着组织升级自己的竞争优势,杀出一条血路,从而将对手拉开。这样的组织,就可以走前所未有的路,打前所未有的仗,下前所未有的决心,找出前所未有的发展机会,从而为组织打下走向卓越的根基。

是谁毁掉了张灵甫：
一个失败的中国式管理标本 [1]

在今天的台湾"国史馆"中，藏有一份编号为00202040001407的文件。这是1947年5月6日整编74师师长张灵甫写给他的校长蒋介石的一封信。信中对国民党军队内战以来屡战屡败的原因进行了直言不讳的剖析：

> 惟进剿以来，职每感作战成效，难满人意。目睹岁月蹉跎，坐视奸匪长大，不能积极予以彻底性打击。以国军表现于战场者，勇者任其自进，怯者听其裹足。牺牲者牺牲而已，机巧者自为得志。赏难尽明，罚每欠当。彼此多存观望，难得合作，各自为谋，同床异梦。匪能进退飘忽，来去自如，我则一进一退，俱多牵制。匪诚无可畏，可畏者我将领意志不能统一耳。窃以若不急谋改善，将不足以言剿匪也。

就在张灵甫写完这封信的10天以后，也就是1947年5月16日，74师在孟良崮战役中被华东野战军全歼。而74师覆没的原因，正

---

[1] 本文刊于《商业评论》2014年8月号。

是由于国民党军队"多存观望，难得合作，各自为谋，同床异梦"。当华东野战军将74师包围起来的时候，国民党的几十万大军离孟良崮近则数公里，远也不过一两天便能赶到，只要援军一到，就能马上与74师形成对华东野战军的里应外合、中心开花之势。74师陷入包围时，蒋介石曾下达了各路大军必须从速进援合击的手令，并威胁"如有萎靡犹豫，逡巡不前，或赴援不力，中途停顿"，"定以畏匪避战，纵匪害国，贻误战局，严究论罪不贷"。汤恩伯也要求所部"不顾一切，星夜进击，破匪军之包围，救袍泽于危困"。然而无论是蒋介石的严令还是汤恩伯的苦求，都未能见效。直到74师被全歼，各路援军始终未能跨入华东野战军包围圈一步。

经常有人这样发问：如果外围的国民党军队全力推进，孟良崮战役会是怎样一个结局？假设永远只是假设，真相是，国民党军队从一开始就注定不可能拼死来救。早在孟良崮战役之前，毛泽东就给陈毅、粟裕发来电报，说根据西北战场的经验，只需要用一部分力量就可以阻住国民党的增援部队。而华东野战军在总兵力处于绝对劣势的情况下，敢于拿出5个纵队包围74师，形成对74师的绝对优势，也就是因为看准了"其他敌军不会奋力救援"。

在孟良崮战役之后的军事检讨会上，蒋介石痛斥国民党军队说："大家都养成自保自足的恶习，只看到自身带领的一部的利害，对于友军的危难，整个战局的失败，几乎是漠不相关；以致我们革命军同生死共患难的传统精神和我们军人智信仁勇严必备的武德完全丧失。"他要求军队必须借检讨之机，作一番彻底的觉悟和改造。然而蒋介石似乎并不明白，国民党军队"败不相救"的恶习，其根源恰恰在于他本人那种中国式的御将之术。

用今天的话来说，国民党的军队，非常像通过兼并收购而发展起来的企业。蒋介石的军队以国民革命军为核心，在北伐以及此后的军阀大战过程中，不断地通过武力、引诱、收买、瓦解等手段，将地方军阀纳入自己的体系之中，最终建立了一个表面统一的中央政权。由此国民党军队便因渊源的不同，而分成了"中央军"和"杂牌军"，杂牌军又分为川军、桂军、粤军、湘军、晋绥军、东北军、西北军之类。

对于这样一支派系林立的军队，蒋介石的基本策略，是以黄埔系来控制中央军，以中央军来控制杂牌军。中央军是蒋介石的嫡系，蒋介石以黄埔军校校长的身份，与黄埔军校毕业的军官们形成了私人之间的服从关系。所谓的黄埔精神，就是"服从校长、尽忠党国、精诚团结、成功成仁"，其中的关键自然是第一条。黄埔军校毕业的军官都是校长的学生，并以学生的身份效忠于校长，蒋介石则在职务、装备、后勤、作战等方面给予黄埔军官种种特权，从而达到通过黄埔军官来控制军队的目的。对于中央军之外的杂牌军，蒋介石采取的是分化、控制和吞并的策略。一方面，通过战场作战来借刀杀人，消耗杂牌军的力量；另一方面，对于打了败仗的杂牌军，则会趁机取消其番号，夺取其地盘。这样也就达到了排挤、削弱杂牌军，扩大、发展中央军的目的。

就控制军队而言，蒋介石的这套御将之术，确实是很成功的。中央军变成了唯蒋氏之命是从的所谓"嫡系"，杂牌军也只能被迫接受蒋介石的"军令统一"。蒋介石得以凌驾于整个军队之上，成为军队唯一的核心和最高统帅。

但也正是在这一过程中，国民党军队中钩心斗角、败不相救的恶质文化也一步步形成。对于中央军来说，黄埔军官个个都是具有通天本领的"天子门生"，蒋介石一手提拔的这些学生，都唯蒋校长马首是瞻，唯蒋校长一人之命是从，都要争相得到蒋校长的宠爱，因为得到蒋校长的宠爱便是最好的终南捷径，这就必然导致彼此之间争风吃醋、相互拆台、上下倾轧、内斗不已。而对于杂牌军来说，时刻都面临着被蒋介石削去番号的危险，因而作战时考虑的首先是保存实力，绝对不会为了别人而牺牲自己，绝对不会有勇敢任事、顾全大局的精神。

今天看来，蒋介石的御将之术是一种典型的建立在个人关系基础之上的中国式管理。一言以蔽之，就是亲疏有别的特殊主义。在这样的管理模式中，组织的管理者往往通过个人的关系，在组织中大力培植和使用亲信，并依靠亲信来实现掌控组织的目的。然而从蒋介石的例子我们看得很清楚，这种模式短期内可能非常有效，但长期一定会付出沉重的代价：蒋介石确实成功地奠定了他个人的绝对地位，但也成功地使争功诿过、败不相救成为国民党军队中组织文化的最大"潜规则"，使各路人马无法有效合作。具有讽刺意味的是，这样的组织文化，首先葬送的往往是组织中最优秀的成员，用张灵甫的话说，是"勇者任其自进，怯者听其裹足。牺牲者牺牲而已，机巧者自为得志"。这种重"亲疏"而不重"公平"的管理模式，还必然会导致张灵甫所说的"赏难尽明，罚每欠当"，最终导致下属的离心离德。这样的组织，管理成本会越来越高，凝聚力会越来越差，而战斗力会越来越弱，最终整个组织将以一种惊人的加速度走向全面的溃败。从这个意义上说，蒋介石的御将之术，其实是中国式管理一个失败的标本。

制度设计为何重要：湘军团队精神的由来 [1]

在军事史上，曾国藩的湘军不能不算是一个奇迹。湘军是所谓的"官勇"，即地方政府招募的临时性武装，并非国家的正规军，当时的国家正规军是八旗和绿营。然而曾国藩却在很短的时间内，将这样一群来自草根的散兵游勇打造成了那个时代最具凝聚力和战斗力的部队，乃至令"湘军精神"流传后世，成为"团队精神"的代名词。他是怎么做到这一点的？

这得从曾国藩编练湘军时问自己的第一个问题说起。曾国藩当时并没有先探究"湘军如何能打仗"，而是分析了"绿营为何不能打仗"。要知道，绿营是经制之兵，装备精良，训练有素，而他们的对手太平军是一批揭竿而起的农民，根本没受过什么军事训练。然而在太平军面前，绿营一触即溃、望风而逃，将大清王朝的半壁江山倏忽间就送给了太平天国。

绿营为何不能打仗？曾国藩在分析后得出一个结论：绿营存在巨大的制度缺陷。

绿营采取的是"世兵制"，即士兵由国家供养，世代为兵，各地都有绿营。一旦发生战事，就采取抽调的方式，东抽一百，西拨

---

[1] 本文刊于《商业评论》2014 年 5 月号。

五十,组成一支部队,然后派将领带兵出征。这样的结果是:兵不识兵,将不识将,将不识兵,兵不识将。用曾国藩的话说,这就像砍树枝一样,东砍一条,西砍一根,然后捆到一起,形不成一个整体。既然互不熟悉,没有交情,那么所有的人都明白,遇到危险,别人是不会来救自己的。既然别人不会来救自己,那么打起仗来谁都不肯冲锋在前、独履危地。相反,生死之际,所有人的本能反应都是自己先逃命。这就是绿营作战的特点,也就是曾国藩说的"近营则避匿不出,临阵而狂奔不止""胜则相忌,败不相救"。在他看来,这样的军队,即使"诸葛复起",也是打不了胜仗的。所以,湘军要想镇压太平军,就必须从制度上进行彻底的改变。

所以,他对湘军采取了全新的制度设计。与绿营的世兵制不同,湘军采取的是招募制,而且是层层招募制。具体来说,就是大帅招募自己手下的统领,统领招募自己手下的营官,营官招募自己手下的哨官,哨官招募自己手下的什长,什长招募自己手下的士兵。

湘军的待遇是很高的,所以很多人愿意当兵。但是你能不能进入湘军,得到升官发财的机会,得看上司招不招你。这样一来,士兵势必感激自己的什长,什长势必感激自己的哨官,哨官势必感激自己的营官,营官势必感激自己的统领,而统领势必感激自己的大帅。如此,从大帅到士兵,湘军就像一棵大树一样,"由根而生枝,而生叶,皆一气所贯通",组织内部全部被打通了。"是以口粮虽然出自公款,而勇丁感营官挑选之恩,皆若受其私惠。平日既有恩谊相孚,临阵自能患难相顾。"意思是,虽然口粮都出自公款,但下级之所以能得到当兵吃粮的机会,却是由于上司的挑选之恩。这样公款就转成了私人的恩惠。平时上下既然有恩情相济,打起仗来自然就能够互相照顾。湘军内部人和人之间的关系由此也就跟绿营不一样了，不再是一捆绑在一起的树枝，而成为一棵由感情纽带凝聚起来的大树。

这只是曾国藩制度设计的第一个层面，他更厉害的是第二个层面。曾国藩规定，在作战过程中，任何一级军官，比如说统领一旦战死，那么这支军队就会就地解散，全部赶回家去，一个不留；营官战死，那么整个营就会就地解散，全部赶回家去，一个不留；以此类推，哨长、什长都是如此。这会导致一个什么结果呢？这样一来，所有人都会做一件事，就是一定要保住自己的长官。因为只有保住长官，你才有继续升官发财的机会。保护长官本来是一种道德要求，但在湘军的制度之下，却变成了最符合下属自己利益的行为。由此在湘军中，道德的要求和利益的追求被完美地结合在了一起。王闿运在《湘军志》中有言："其将死，其军散；其将存，其军完。从湘军之制，则上下相维，喻利于义。将卒亲睦，各护其长。"由此也就形成了曾国藩所说的"呼吸相顾，痛痒相关，赴火同行，蹈汤同往。胜则举杯酒以让功，败则出死力以相救"的"死党"。这就是湘军凝聚力和战斗力的来源。也解释了为什么湘军和绿营同处一个时代，绿营士兵打起仗来首先想自己逃命，而湘军士兵首先想保护自己的长官。

皆是因为制度设计的不同。制度是什么？制度是决定和改变人的行为的东西。人都是理性的，人都知道什么样的行为对自己是最有利的。管理者的关键任务是能够制定出有效的制度，把下属的自利行为引导到对组织有利的方向上去。就像曾国藩治理湘军一样，在确立基本制度之后，他根本不用自己挥舞战刀在后面逼下属冲锋陷阵，下属自然就知道往前冲。下属的行为已经变成了自觉、自发的行为，因为这种行为对自己是最有利的。

反观商业世界，华为公司也算是一个异数。华为企业文化的核心是"艰苦奋斗"。华为近15万名员工，主体以"80后"为主，为什么却形成了艰苦奋斗的文化？艰苦奋斗是20世纪五六十年代的价值观，而在今天这样一个消费主义的时代，"80后""90后"们怎么会信奉艰苦奋斗的精神？这就是制度设计的作用。

华为的制度设计是"高效率、高压力、高工资"，从招聘、待遇、晋升到淘汰，所有的制度设计都围绕着"奋斗"这一主题而展开，围绕着保证奋斗者的利益最大化而展开，有责任心和有才能的人不断地成为公司的中坚力量。在激励上，华为采取的则是"1+1+1"的机制，即薪酬由工资、奖金和股票分红收入三部分构成。在华为的高速发展期，内部股分红高达70%。在这种机制下，员工工作的目的就不仅仅是拿到基本工资。奖金使得员工有了主动提高自己绩效的动机，而股票分红使得员工会主动关注企业的整体业绩。员工的个人利益和企业的整体利益紧紧地联系在了一起，员工和企业形成了利益和命运共同体。华为由此被打造成一个奋斗者的平台，奋斗由此也就变成了员工自觉、自发的行为，从而推动着企业的迅速发展。

管理的最高境界是"无为而治"。湘军的例子告诉我们：人的无为，必须建立在制度的有为的基础之上。而有效的制度设计，又必须建立在对人的自利的本性的把握之上。

湘军是如何炼成的？
曾国藩打造团队的五大要素[1]

曾国藩能够镇压太平天国，完成所谓的中兴大业，主要靠的是湘军。但是湘军并不是国家体制内的正规军，湘军最早是团练，是临时招募的地方性武装，在很长的一段时间里都得不到国家资源的支持。然而在很短的时间内，曾国藩就把湘军打造成了那个时代最有凝聚力、最有战斗力的部队，以至于湘军成了团队精神的代名词。湘军是如何炼成的？我们今天来看，曾国藩打造湘军，抓住了五大要素：用共同的信仰来凝聚人、用合理的制度来规范人、用高尚的人格来感化人、用共享的利益来激励人、用宽广的胸怀来包容人。

第一，用共同的信仰凝聚人

有人在评价湘军为什么能成功镇压太平天国起义的时候说，湘军是一个有"主义"的团体。这句话是很有道理的。对于练兵、带兵，曾国藩本来是十足的外行，但是他竟也带出了一支颇有战斗力与凝聚力的武装，完成了"中兴"的"大业"，其中的关键，就在于他善于用"忠义""血性"的精神来统一湘军这个集体。

---

[1] 本文刊于"新华网·思客"2014年12月28日。

曾国藩在创建湘军之始就面临着一个困惑：太平军就是一批农民，揭竿而起，根本没有受过像样的军事训练，是一支业余的军队，可是为什么太平军起义之后，国家的正规军却根本抵挡不住，让太平军势如破竹，占领了半壁江山呢？曾国藩的结论是，太平军表面看来是一支军队，其实是一个以拜上帝会为核心、以天主教为信仰的宗教组织，所以具有极强的凝聚力，已经形成了一支死党。湘军要想打败太平军，也必须形成这样的死党。

为此曾国藩利用太平军对中国传统文化尤其是儒家文化的排斥和冲击，打出了"卫道"的旗号，保卫孔子的道统，保卫孔子的价值体系。这样一来，就把湘军和太平军的战争，由军事和政治的层面，提升到了价值对决的层面，由此也就吸引了一大批仇恨太平军的儒生纷纷加入湘军之中。这些人充满了"卫道"的狂热，一定要把太平天国起义镇压下去。这种共同的"以忠诚相期奖"，以维护名教为信念的使命感、道义感，将这批儒生聚集到了一起，从而形成了一个"有思想、有主义"的团队。这种特有的信念，也是湘军屡败屡战、败而不溃，最终将太平天国起义镇压下去的精神支柱。

除了以忠义号召将领之外，曾国藩还十分重视对士兵的思想灌输。曾国藩自称训练之才，在士兵的训练上，他最重视的还是精神训练，并称之为"训家规"。每逢三、八操练日，曾国藩必亲临校场训话，每次讲"一时数刻之久"，反复开导。他自己说，他的训话，虽不敢说让顽石点头，却也做到了"苦口滴杜鹃之血"。由此几乎把兵营变成了学校。同时，他还编了很多的歌谣，让官兵传唱。如《劝诫浅语十六条》《营规二十二条》《保守平安歌》《水师得胜歌》《陆军得胜歌》《爱民歌》《解散歌》等，从而使儒家的伦理思想潜移默化地渗透到将士的灵魂中了。

长期用儒家思想进行灌输,产生了极大的效果。湘军被训练成一支尊长死上、辨等明威的具有浓厚儒教色彩的军队,成为一支"有信念""有主义"的军队,"呼吸相顾,痛痒相关,赴火同行,蹈汤同往,胜则举杯酒以让功,败则出死力以相救""齐心相顾,不曾轻弃伴侣",从而成为太平军的死对头。

毛泽东对曾国藩的这一点非常佩服。毛泽东说中国历史上有两种人:一种是办事之人,把事做成;一种是传教之人,传播一种教义、一种价值观念。而曾国藩是"办事兼传教"之人,而且是通过"传教"来"办事"的,也就是通过信仰成就了事业。事实上,毛泽东也是典型的"办事兼传教"之人。办事只能做成小事,伟大的事业,背后一定是需要伟大的价值追求作为支撑的。

第二,用合理的制度规范人

除了共同的信仰,优秀的管理者还需要能够制定出有效的制度,把下属的自利行为引导到对组织有利的方向上去。就像曾国藩治理湘军一样,在确立湘军的制度后,他不用自己挥舞战刀在后面逼下属冲锋陷阵,下属自然就知道往前冲。

曾国藩一改由国家供养、世代为兵的"世兵制",在湘军采取了全新的制度设计——招募制,而且是层层招募制。湘军的高待遇又不愁招不到兵。但只有上司招募你,你才能进入湘军,得到升官发财的机会。这样一来,从大帅到士兵就形成了层层的感激关系。如此,湘军就像一棵大树,"由根而生干,生枝,生叶,皆一气所贯通",组织内部被全部打通了,人和人之间的关系也成为一个由感情纽带凝聚起来的整体。

除了招募制,曾国藩还规定,在作战过程中,任何一级军官一旦战死,他手下的军队便就地解散。只有保住长官,士卒才有继续升官发财的机会。保护自己的长官本来是一种道德的要求,但在湘军里面,却成了最符合士兵利益的行为。由此在湘军中,道德和利益便被完美地结合在了一起。

反观现代商业世界,备受瞩目的华为公司与湘军有很相似的地方。华为企业文化的核心是"艰苦奋斗",而这一核心文化的落实也要归功于制度设计。华为的制度设计是"高效率、高压力、高工资",从招聘、待遇、晋升到淘汰,所有的制度设计都围绕着"奋斗"这一主题而展开,围绕着保证奋斗者的利益最大化而展开,有责任心和有才能的人会不断进入公司的中坚层。华为由此被打造成一个奋斗者的平台,奋斗由此也就变成了员工自觉、自发的行为,从而推动着企业的迅速发展。

管理的最高境界是"无为而治"。湘军和华为的例子告诉我们:人的无为,必须建立在"制度有为"的基础之上。而有效的制度设计,又必须建立在对人"自利"本性的把握之上。

第三,用高尚的人格感化人

要讨论曾国藩为何能吸引众多贤士,还要引用李鸿章的一段奏折:"论功则推以让人,任劳则引为己责;盛德所感,始而部曲化之,继而同僚谅之,终则各省从而慕效之。所以转移风气者在此,所以宏济艰难者亦在此。"一个做上司的,有了好处总是让给自己的下属,有了责任总是自己担起来。对于这样的领导者,时间长了，做下属的怎么会不感动呢？曾国藩的时代，已经是所谓的"末世"，争功诿过、投机取巧已经成为社会的普遍风气，但曾国藩就是通过自己的行为，从影响周边的人开始，一步步地转变了这种习气。这就是他能够吸引一大批人为他所用并最终成就自己事业的根本原因。

在谈到一个领导者如何才能让下属心服口服地追随自己时，曾国藩曾说过八个字："功不独居，过不推诿。"意思是，有了功劳不要马上一个人独占，有了过错不要马上推诿给别人。在给曾国荃的信中他还说："功不必自己出，名不必自己成。"对于领导者来说，成就了下属，就是成就了组织；成就了事业，最终也就是成就了自己。

领导力的核心是影响力，是怎样感动别人，真正让下属对你的行动不但表示赞同，而且形成一种心甘情愿的追随。这一点，古今中外，概莫能外。曾国藩的"功不独居，过不推诿""功不必自己出，名不必自己成"，所释放出来的就是这样一种足以打动人心的影响力。这样的胸怀、这样的格局，也正是曾国藩身为领导者的人格魅力之所在。

第四，用共享的利益激励人

人性必然有求利的一面。在利益方面，曾国藩在钱、权、名三个方面都充分发挥了其对将士的激励作用。湘军的高军饷极大地调动了当地农民加入的热情，在利益方面对将士们的满足又极大地提高了湘军的战斗力。在个人发展方面，在传统的科举考试之外，曾国藩领导下的湘军更是为无法走通科举之路的人们打开了另一条晋升之路。只要你有能力、能打仗、能做事,在湘军中就可以迅速得到晋升,湘军中由此而涌现出了一大批影响那个时代的优秀人才。湘军也由此改变了许多人的命运。对于很多湘军成员来说,可以共享湘军发展所带来的机会,是最大的激励因素。在名声方面,在给鲍超的信中曾国藩也曾说:"凡利之所在,当与人共分之;名之所在,当与人共享之。"意思是,凡涉及利益,一定要注意与人共分;凡涉及名声,一定要注意与人共享。这样的人才能成就大事。

通过利益共享机制的建立,曾国藩做到了"合众人之私,以成一人之公",使得湘军中个人目标和组织目标取得了高度一致,从而形成了有效的激励机制。

第五,用宽广的胸怀容纳人

很多团队在发展过程中都面临着一个问题,就是随着组织的不断扩大,内部的分歧、矛盾也会越来越突出。往往有这样的情况,就是因为主要人物之间矛盾的激化,导致一个团队分崩离析。所以曾国藩非常强调作为团队的领军人物,一定要有宽广的胸怀来容纳人。

薛福成在评价曾国藩时曾说:"夫人必有驾乎天下才之量,然后能用天下才,任天下事。"作为一个领导者,只有拥有超乎天下人才的度量,才能用天下的人才,成就天下的事业。的确,对于领军人物来说,胸怀是很重要的。曾国藩的成功大半得益于胸襟的宽广。曾国藩常说,"富贵功名皆人世浮荣,惟胸次浩大是真正受用""局量太小,不足任天下之大事""盛世创业之英雄,以襟怀豁达为第一义"。领导者心胸宽广,装得下整个天下,也放得下整个天下。曾国藩心胸的开阔，使得他可以包容各种各样有缺点的人为他所用，包括左宗棠这样个性极为强烈的人。

开阔的胸怀不仅仅局限于自己，在湘军中，曾国藩也特别注重军官之间的相互宽容和理解。他说：如果统将之间有一分矛盾，营官、哨官之间就会有三分矛盾，而士卒之间就会有六七分矛盾。这样的团队，必然就要解体了。所以要和衷共济，就应该先从统将有一颗平和而宽容的心开始，相互包容和理解。

在湘军的领军人物中，曾国藩、胡林翼等人都有舍己从人的大贤之量，这使湘军内部虽然有矛盾，但不以私怨而害大义，相反却都能以大局为重，相互支持与信任，从而能够完成其大业。而太平天国之所以失败，一个重要的原因就是核心人物没有一个有足够的胸怀，你容不下我，我容不下你，最后你杀我、我杀你，好端端一个事业，杀了个一干二净。

成吉思汗：
帝王级创业的四个必杀技 [1]

说起成吉思汗，人们或许马上会想起毛泽东那句著名的"只识弯弓射大雕"。事实上，如果成吉思汗只是一介莽夫，他是无法白手起家，创建出一个空前的世界性帝国的。这位草原英雄创业成功的背后，是其出众的人格魅力、坚实的制度安排、独特的竞争优势，以及强大的学习能力。

创业的起点：出众的人格魅力

所有的创业者都经历过自己的草莽时代，成吉思汗也曾经只是铁木真。他真正的过人之处在于，从一开始就知道如何感动他的部众和盟友，并赢得他们的追随与忠诚。

铁木真开始创业的时候，蒙古高原分布着大大小小几十个部落，部落和部落之间为了复仇、掠夺和兼并而不断发生战争。除蒙古部之外，还有塔塔尔部、克烈部、乃蛮部、篾尔乞部、汪古部等。蒙古部本身也分为乞颜人、泰赤兀人、札得兰人，札得兰人的首领札木合和泰赤兀人的首领塔尔忽台的实力又都远远超出铁木

---

[1] 本文刊于《商业评论》2016 年 6 月号。

真。一开始,铁木真只是一位并不起眼的普通军事首领而已。

然而铁木真的格局、胸怀和人格魅力,很快就使得他在群雄之中脱颖而出。当那些徘徊于铁木真、札木合、塔尔忽台之间的氏族,因为饥饿而要求参加围猎的时候,铁木真不但允许他们参加,而且分给他们的猎物远远超过他们应得的部分。与他争夺蒙古部可汗之位的主要对手札木合,则缺乏铁木真的政治头脑。一次札木合与他的盟友约定,共同袭击铁木真的营地。当札木合赶到战场的时候,他的盟友已经被铁木真击败。札木合一不作,二不休,干脆对他的盟友发动了攻击,抢劫了盟友之后扬长而去。这是一种非常短视的行为。之后各部落奔走相告,将铁木真的慷慨正直、宽宏大量与札木合的反复无常、专横跋扈相比较:"札木合抢去我们最好的马和最漂亮的毛皮。可是铁木真脱下自己的衣服让给我们穿,跳下自己的马让给我们骑。他真是一个懂得如何享有国家、供养战士的人。"这很快就成了草原上的公论。

札木合并不明白,即使是在弱肉强食的草原上,道德也有他存在的价值;要想成就大业,不但要具备强者的实力,而且要有王者的胸怀。铁木真所有的部属都可以为他出生入死,而札木合的军队却始终只能是乌合之众。所以铁木真最终成了成吉思汗,成为世界的征服者,而札木合终其一生,只能是一位悲剧式的草莽英雄。

成长的基石:坚实的制度安排

创业者往往并不缺乏成就大业的雄心。创业成功的一个前提,在于能否打造出与创业者的雄心相匹配的制度安排,从而为组织的成长提供坚实的支撑。

游牧民族的政权往往以氏族制度为基础,各个贵族自己领有自己的部众,以氏族、部落、部落联盟的形式组成松散的联合体,因此无法形成权力高度集中的一元化政治实体,反而经常因为内部实力发展的不平衡而导致联合体的分裂。兴衰无常由此成为此前几乎所有草原帝国的基本特征。

为了改变这一状况,成吉思汗打破了过去的惯例,建立了新的千户制度。具体来说,就是十进制,将军队按照十户、百户、千户、万户进行统一的编组,并且根据才能的大小和对大汗忠诚与否而不是血统的高低来委任各级军官。最优秀的人被安排在最重要的位置上,如果某人表现得不称职,或者不听从大汗的命令,那么大汗可以随时撤掉他的职务并加以惩罚。这与过去部落联盟时代的贵族是完全不同的。通过千户制这种新的组织方式,成吉思汗摧毁了旧的氏族制度的基础,使得自己成为蒙古军队的核心,而且是唯一的核心。

此外,成吉思汗还建立了一支由他本人直接控制的精锐武装——护卫军。护卫军在蒙古语中为"怯薛",由在全军中挑选的一万名最优秀的战士组成。在蒙古军队中,护卫军具有很高的地位。成吉思汗规定,一个普通的护卫的地位,也在外面的千户长之上,如果护卫与千户长发生了冲突,无论是什么原因,责任都在千户长这一边。护卫军是整个蒙古军队主力中的主力,作战过程中,可以由成吉思汗亲自指挥,在最关键的时刻投入到最关键的位置上去。更重要的是,护卫军可以有效地维护成吉思汗的权力。他掌握的这样一支强悍的亲信军队,足以制约任何一个贵族。

千户制和护卫军制这两大制度,保证了蒙古军队对成吉思汗的绝对忠诚，成吉思汗的旨意可以到达军队的每一个角落并得到丝毫不打折扣的执行，过去的松散联合体一变而成为一元化的强大组织，并成为支撑起后来庞大的蒙古帝国的基本制度安排。

突破的关键：独特的竞争优势

创业的过程是一个在众多的对手中突围而出的过程，因而创业者必须打造出自己的独特竞争优势，才能取得突破性的成长空间。

游牧民族的每个人天然就是优秀的骑士，其军队中往往全是骑兵，最大的特点是机动灵活，而成吉思汗则将游牧民族这种机动作战的能力发挥到了极致。蒙古军队的盔甲多是皮制的，非常轻便，一个战士通常备有三到四匹战马，一匹战马疲劳之后，可以随时换乘另一匹马，继续奔驰。他们可以连续十几天在马上驰骋，饿了吃干肉，渴了喝马奶，因此蒙古军队几乎不受后勤的束缚。这使得他们具有当时任何军队都难以比拟的速度和机动能力。强大的机动能力也使他们可以迅速地转移兵力，随心所欲地在由他们自己选定的时间和地点迅速地集中起绝对的优势兵力，而后在最短的时间内解决战斗。南宋人徐霆曾经说蒙古人用兵"来如天坠，去如电逝"，民国年间的陆军中将万耀煌也评论说："成吉思汗之进兵也，如飙风迅雷，千里瞬至，鹰鹯一击，往往覆敌于猝不及防。"这种在运动中形成优势的能力，是农耕民族的军队无法具备的。

不过，机动性并非蒙古军队唯一的优势。所有的游牧军队都机动灵活，但没有一个能像成吉思汗的军队那样将运动战发挥得如此淋漓尽致，重要的原因之一，就是没有一支游牧民族的军队能够具有像成吉思汗军队那样严格的纪律，那样绝对地做到军令如山。蒙古军队所进行的往往是几万、十几万人的大规模的运动战,作战正面达到几百公里乃至上千公里。从大军的左翼到右翼,往往需要三天以上的行程。组织这样的运动战,就必须依赖于高度的协同动作的能力,依赖于对命令的绝对服从。成吉思汗对服从命令这一条非常重视,对不服从命令的处罚也非常严厉。指挥官被要求严格按照事先安排好的行动计划行事。如果一支军队没能在指定的时间和指定的位置出现,它的指挥官就会立刻被处罚,找什么借口也无济于事。对于那些违反命令的将领,不管离成吉思汗的大营有多远,也不管他手里掌握了多少兵力,成吉思汗只需要派一个人过去宣布处罚命令,要他的手,他就会自动剁下自己的手,要他的头,他就会主动奉上自己的头,毫无怨言。一支10个人的小队,在作战中如果有人抛弃了受伤的战友,那么其余的人都要被毫不留情地处死。游牧民族并不缺乏优秀而勇敢的战士,缺乏的是组织纪律和协同动作的习惯。他们一旦被有效地组织起来,必然会爆发出可怕的能量。

帝国的诞生:强大的学习能力

当然,如果蒙古军队仅仅停留在上面的层次,很可能就只是一支传统意义上的游牧民族军队。蒙古军队的真正过人之处,还在于它强大的学习能力。

长期以来,以骑兵为主的蒙古军队都是长于野战,短于攻城。而中原地区在攻城作战中则普遍采用了大量的攻城器械,如抛石机、攻城槌、云梯、弩炮、火箭等,火药也被用到了战场上,出现了震天雷等燃烧和爆炸性火器。在对中原用兵的过程中,蒙古军队最大的收获,是学到了中原地区的攻城技术。蒙古军队为了弥补自身攻城能力的不足，凡攻占一地，对于被俘虏的工匠都给予特殊的优待，将他们集中起来专门制造兵器战具。因而蒙古军队很快掌握了中原地区的攻城技术。为了充分发挥攻城器械的作用，成吉思汗还任命了炮手万户，设立了专门的炮兵部队，由他的长子术赤统帅，这是世界上第一支专业化的炮兵队伍。这支炮兵部队在三次西征以及后来攻宋、攻大理、攻高丽的战斗中，都发挥了巨大作用。在花剌子模你沙布尔的攻城战争中，蒙古人一次就动用了300架抛石机，还有大量的攻城车、破城槌等，因而很快就摧毁了对方的防御体系。

金朝最后一个皇帝金哀宗曾经说："蒙古所以常胜者，恃北方之马力，资中原之技巧耳。"蒙古军队通过将中原的技术优势与草原的骑兵优势结合起来，既具备了强大的机动作战能力，又具备了强大的攻坚能力，其战斗力当时达到了没有对手的地步。蒙古军队之所以能够横扫亚欧大陆，与其具有的压倒性优势是分不开的。

蒙古人的这种学习能力，确实是很强的。元朝统一中国后，还利用南宋的水师，建立了一支当时世界上最强大的海军队伍，并且两度出海征讨日本。一个民族，不但走出了草原，走进了城市，而且走向了大海。这也是元朝能够成为中国历史上最伟大的王朝之一的原因。

创业本身就是一个不断突破的过程，正是强大的学习能力使得成吉思汗不断地超越自己。这位从草原走出来的巨人，改变了蒙古的命运，也改变了世界的面貌。从他身上，我们可以清楚地看到，一个伟大的领导者，可以具备多么大的能量。

所有的正规军都曾经是游击队：
从毛泽东井冈山创业谈起 [1]

中国人民革命军事博物馆有一幅名为《向井冈山进军》的油画，表现的是秋收起义失败后，工农革命军在毛泽东率领下登上井冈山的情景。画中的每个人都信心十足，充满喜悦。然而真实情况是，这是一支沮丧的失败之军，队伍中几乎没人知道希望在哪儿，更没人知道自己走进的这座大山后来会成为中共党史上的圣地。这里偏僻、落后、封闭、土匪出没；谷不过万担，人不过两千；没有布匹，没有药品，没有食盐，天天还要遭受国民党的围剿和封锁。毛泽东很难得到其他兵源，甚至不得不吸纳流民和俘虏来补充自己的队伍。

创业总是艰难的，然而在井冈山，我们却看到了成就一个伟大组织的几乎所有基因。

创业的首要问题是如何能活下来，找到一个组织可以存活的空间。

对创业者来说，生存才是第一位的，活下来才有发展的机会。其时红军弱小，对手强大，这是毛泽东无法改变的现实。红旗到底

---

[1] 本文刊于《商业评论》2015年12月号。

能打多久？悲观情绪从一开始就弥漫在这支队伍之中。毛泽东首先必须回答这样一个问题，那就是中国的红色政权为什么能够存在？

从一开始，毛泽东就表现出他对格局的清晰判断以及在复杂格局中敏锐把握机会的能力。三大起义都已失败，对手的力量空前强大。然而毛泽东却在强敌环伺的大环境中看到了新机会。他的余部弱小不堪，可对手也不是铁板一块。对手占据的是城市，无法深入到偏远的农村。尤其是军阀之间为了争夺地盘不断发生战争，无法形成统一的力量。这就使得军阀所统治的边缘地带存在着很多薄弱环节，也就给了这支弱小的队伍在缝隙中生存的立足点。

在商业的世界中，几乎所有成功的创业者都是在市场缝隙中取得突破的，毛泽东也不例外。依托这样的缝隙，这些"红色的创业者"就可以站稳脚跟，建立起一支正规的武装力量，并以此为基础呈波浪式地向外扩张，逐步扩大和控制广大的农村区域，建立农村根据地，进而用农村包围城市，最终夺取全国政权。

创业的第二个问题，是找到组织的独特灵魂与使命和可以推动组织成长的持续动力。

同国民党的军队相比，中国共产党的军队处于绝对劣势。单纯依靠军事力量，中国共产党永远也别想取得胜利，中国共产党必须从军事之外寻求生存与发展的动力。毛泽东找到了中国共产党军队力量的根源，那就是民众，具体来说，是农民。当时中国人口80%以上是贫穷的农民，中国问题本质上是农民问题，而农民最大的需求是土地。谁能抓住农民，谁就将抓住中国的未来；谁能满足农民的土地需求，谁就将掌握中国历史的走向。

管理的历史维度

通过给军队提出全新的使命,毛泽东重新定义了这支军队的性质。过去的军队只是军队而已,战争就是军队的战争。可现在毛泽东宣布他的这支军队是人民的军队,是为穷人打天下的,是帮穷人打土豪,分田地。"打土豪,分田地"使得中国革命不再是虚无的与农民没有关系的革命,相反,成了实实在在地与农民切身利益相关的革命。士兵也是农民,打土豪,分田地,让他们一下子明白自己既是为了一个伟大的理想而战,也是为了切身利益而战。

毛泽东就是要建立这样一支新型的军队,他相信决定性的力量存在于民众之中。通过把军队变成民众的军队,把战争变成民众的战争,毛泽东在民众中找到了推动组织成长的持续动力。战争的性质和力量对比的天平由此改变,政治的动员一步步地转化为军事的优势,这支弱小的军队最终迎来爆发式的成长。

创业的第三个问题,是如何打造出一个可以同甘共苦、同生共死的团队。

毛泽东接手的基本是一群乌合之众,军官中只有少数是党员,党的组织只设到团一级,影响力很弱。大部分士兵和军官不知为谁而战,也不知前途如何。对于士兵来说,当兵就是来吃粮的。没有粮吃?对不起,走人。这是一支必须改造的部队,必须在政治上进行巩固的军队。

于是,毛泽东采取了一项影响至今的措施:将支部建在连一级。连里有支部,营以上有党委,班排有小组,每个班十个战士中有四五个是党员。党由此从一个抽象的概念转化成了每天都在的实体,来到了夜晚营地的篝火旁,来到了每一个战士的身旁。党的理念成为军队的理念，党的组织成为军队的核心。党的组织不解体，军队就不会解体。军队由此真正成了党所掌控的军队，成为一支有信念、有追求的军队。毛泽东后来总结说，红军历经苦难而不溃散，支部建在连上，是一个重要原因。

毛泽东还采取了另一项同样重要的措施。旧军队中等级制非常严格，军官打骂士兵是家常便饭。毛泽东从官兵关系入手，在军队中实行军事民主制度。他宣布，不许军官打骂士兵，连队的账目要公开，要由大家监督。军官和士兵要穿一样的衣服，吃一样的饭。为了保证士兵的权利，连队还组建了士兵委员会。每次打完仗，都组织民主生活会，会上可以各抒己见，可以点名批评或表扬上级军官。

这样的措施使一些军官对毛泽东十分恼火，但更多军官接受了这种制度。在旧军队中，士兵是雇来的，是为长官卖命的。毛泽东确立了患难与共的原则，士兵有了人格尊严，有了被当人看的感觉，军队成了士兵自己的军队，军人形成了同生死、共患难的一体意识，一种全新的内部关系由此出现，军队的凝聚力和战斗力也由此而生。

创业的第四个问题，是如何发展出适合自己组织特点、颠覆对手优势的一套创新性的打法。

在井冈山，毛泽东队伍中的军官同国民党军官一样，不少也是毕业于黄埔军校，学的是正规军的战略战术。对于规模、装备、训练和素质都远远不如国民党军队的红军来说，按照正规军的打法，跟国民党硬碰硬，注定是以卵击石。毛泽东必须发展出自己的一套

战略战术。

毛泽东向官兵提出，红军要改变过去那套正规军的打法，既要会打仗，还要会打圈，要把"打"和"走"结合起来，把"走"变成"打"的基础。具体来说，当国民党军队进攻的时候，红军要避免跟国民党硬拼，而是通过"走"来避开国民党军队的攻势，通过"走"来暴露国民党军队的弱点，避实击虚，灵活机动，抓住机会集中优势兵力消灭国民党军队的一部分，从而击退国民党的进攻。

这就是后来的游击战和运动战。什么是游击战？"游"而后击。什么是运动战？在"运动"中作战。"走"代替"打"成为取胜的关键。它就像一种颠覆性的商业模式一样，使得国民党军队的优势无法发挥出来，使得共产党军队的优势可以淋漓尽致地发挥出来。它确定了中国共产党军队战略战术的基础，从红军时期到八路军时期，一直到解放战争时期，中国共产党军队一直采取的就是这样的打法。

就像所有的创业一样，井冈山创业时期的一切也都十分粗糙。毛泽东的军队最多时也不过万把人。但是，红军为何而战？为谁而战？如何而战？一句话，使中国共产党和中国共产党的军队变得伟大的核心理念，都已经明晰。毛泽东找到了在中国取胜的秘诀，成功的伟大基因业已形成。

蒋介石并没有把井冈山的红军放在眼里，认为那只不过是山沟里的一支土匪。蒋委员长有更重要的事情要做，所以前来"剿匪"的都是地方部队，并且还不是主力，这就给了星星之火得以燎原的机会。所有成功的正规军，都曾经是名不见经传的游击队。当日后蒋介石在那个小岛上总结在大陆失败的教训时，想必对自己当年的失误，一定痛心疾首。

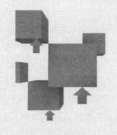

管理的历史维度

领导力

向品格致敬：
来自《美国陆军领导力手册：在任何形势下实施领导的技能、策略与方法》的启示[1]

"在培养领导者方面谁做得最好？"管理学大师彼得·德鲁克和通用电气前 CEO 杰克·韦尔奇对这个问题的回答都是"美国陆军"。德鲁克还写道："军队所培养和发展的领导者比所有机构的总和还要多，并且失败率更低。"因此，他们建议企业管理者应该向美国陆军学习领导力。

的确，战争是最需要优秀领导者的人类活动，战场也从来都是学习领导力的最佳课堂。军人从成为领导者那天起就明白，自己的首要职责，就是必须随时在复杂、残酷、危险而紧张的环境中，引导士兵展开行动、迎接挑战、夺取胜利、完成使命，而这就需要展现出卓越的领导力。商场如战场，在复杂、紧张而充满压力的商业环境中，优秀的商业领导者也必须像优秀的军人一样，赢得下属的信任，打造有凝聚力的团队，释放出组织的能量，全力以赴赢得市场的竞争，而这也同样需要卓越的领导力。

---

[1] 本文是作者所译《美国陆军领导力手册：在任何形势下实施领导的技能、策略与方法》（北京大学出版社，2015 年）的译者序言，摘要刊于《商业评论》2014 年 7 月号。

那么,究竟是什么造就了美国陆军?美国陆军在培养领导力方面到底有什么良方?《美国陆军领导力手册:在任何形势下实施领导的技能、策略与方法》无疑是揭示这一谜底最好的钥匙。

《美国陆军领导力手册:在任何形势下实施领导的技能、策略与方法》(以下简称《手册》),即 FM 6-22,是在美国陆军参谋长指导下、由美国陆军训练与条令司令部发起、由美国指挥与参谋学院陆军领导力研究中心制定的美国陆军基本领导力条令。它以美国陆军"成(BE)—知(KNOW)—行(DO)"的理念为指导,为陆军各部门的军官、军士和文职人员确立了领导力的学说和基本原则。《手册》由"领导力基础""陆军领导者:品格、风度与才智""以能力为基础的领导力:从直接层面到战略层面""在组织和战略层面的领导"四部分构成。《手册》界定了领导力的含义、领导力的角色与要求,以及领导者应该具备的品格特质与核心能力,并对如何培养与提升领导力进行了详细的阐述。

什么是领导力?在《手册》看来,所谓的领导力,是在采取行动以完成使命、改进组织时通过提供目标、指示与动机来发挥对他人的影响力的过程。根据美国陆军的需要,《手册》提出了著名的美国陆军"领导力需求模型",对"陆军领导者是什么"和"陆军领导者做什么"两个问题进行了精辟的概括,并分析了陆军领导者应具备的三项基本特质和应拥有的八项核心能力。《手册》的主体部分,就是围绕着三项基本特质、八项核心能力而展开的。

三项基本特质

领导力始于什么是领导者必须"成"(BE)——塑造其品格的

价值观与特质。价值观与特质是领导者始终应该具有的内在和决定性的品质,它们构成了领导者的一致性特征。在《手册》看来,品格、风度、才智,是陆军领导者应该具备的三项基本特质。

成为一名有品格的领导者,是《手册》对领导者的首要要求。品格对于成功的领导者来说至关重要。它决定着人们是什么样的人,以及如何行事。品格赋予领导者无论环境和结果如何,都会辨明是非、做出正确选择的动机。

在《手册》看来,构成领导者品格的关键要素包括三个方面:陆军价值观、移情能力和战斗精神。要想成为有品格的领导者,一个重要的前提就是必须遵循陆军价值观。

《手册》花了相当大的篇幅对陆军价值观进行了阐述。在《手册》看来,美国陆军是建立在陆军价值观基础之上的组织,是陆军价值观将所有陆军人员联结成为致力于服务国家与陆军的牢固团体,陆军价值观适用于陆军中的任何人、任何情况以及任何地方,是成功的领导者所必须坚持的重要原则、标准与品质,是帮助人们在任何情况下辨别对错的基本原则。陆军要求所有成员必须进行七种价值观的培养:忠诚(Loyalty)、职责(Duty)、尊重(Respect)、无私奉献(Selfless service)、荣誉(Honor)、正直(Integrity)、个人勇气(Personal courage)。

1.忠诚　忠诚是一种双向承诺。通过给予下属良好的培训和公平的对待,以及践行陆军价值观,领导者能够获得下属的忠诚。忠于下属的领导者绝不会让自己的士兵被滥用或虐待。

2.职责　职责不局限于法律、规章与命令所要求的事情。职业人士的工作并不只是满足最低标准,而是要不断努力,争取做到最好。

3. **尊重** 尊重意味着以正确的方式对待他人。这种价值观强调了人是最宝贵的资源,每个人都必须给他人以尊严和尊重。

4. **无私奉献** 无私奉献意味着为国家、为陆军、为组织、为下属做正确的事情,将陆军与国家的需要置于首位,但这并不意味着就应该忽略家庭与个人。

5. **荣誉** 荣誉是把陆军的各种价值观融为一体的黏合剂。军队为个人或部队所取得的成就举行表彰仪式,以此来体现并强化陆军对荣誉的重视程度。

6. **正直** 正直的领导者会坚持按照清晰的原则来行动。他们诚实待人,展现自己的本色,坚持真理。他们不会谎报情况,不会掩盖自己的错误。

7. **个人勇气** 个人勇气有两种表现形式:身体上的勇气与道义上的勇气。优秀的领导者将两种形式集于一身。

把这七种价值观的首字母按顺序连在一起时,就组成了一个缩略语"LDRSHIP"。由于领导者寻求做正确的事情,并且激励他人也这样做,因此他们必须亲身践行这些价值观。

在这七种价值观中,正直和个人勇气具有重要的地位。正直的领导者会持续地依据清晰的原则采取行动,而不仅仅着眼于眼前的实用。在《手册》看来,领导者应该做正确的事情,哪怕个人要为此付出代价。正确的事情也许并不受人欢迎,而且可能具有一定的危险性。然而正是在面对复杂而危险的形势时,才会显示出谁是有品格的领导者,而谁不是。

在实施领导的过程中,领导者经常会面临道德的两难境地。《手册》提醒领导者：在实践中，道德思考是十分复杂的。解决道德困境需要以价值观为基础的批判性思维。没有任何现成的公式能够指导领导者在任何时间解决所有问题。以价值观指导个人行为，去理解条例与命令，从经验中学习，并且通过多种道德视角，采取以上这些方式，领导者就会做好应对棘手问题的准备。只有在持续的学习、思考、体验与反馈的过程中，领导者的品格才能完善起来。

移情能力，是指陆军领导者愿意与组织成员分享体验。在制订计划、做出决策前，他们力图预见到这可能会对士兵和其他下属造成的影响。这种从他人的角度看待问题，以及认识和体验他人感受与情绪的能力，使得陆军领导者能够更好地关心军人、文职人员以及他们的家庭。

战斗精神指的是美国军人持有的职业态度与信念，它反映了军人对国家、使命、部队与战友的无私承诺。战斗精神激励所有领导者和下属克服恐惧、饥饿、匮乏与疲惫，它与陆军价值观有着紧密的联系，需要人们以不屈不挠、持之以恒的决心去做正确的事情。战斗精神能产生强大的凝聚力。

在《手册》看来，在遍布世界的军事基地、训练营、办公室中，每一天都需要做出合乎道德规范的决策。这些决策中，有一些将会直接关系到战场上军人的生命，影响到无辜的非作战人员、文职人员以及纳税人的利益。为了陆军与国家的福祉，所有陆军领导者都有责任做出基于价值观的、合乎道德规范的选择。陆军领导者应该具备品格的力量，做出正确的选择。

除了成为"有品格的领导者"之外，《手册》认为陆军领导者还应该是"有风度的领导者"和"有才智的领导者"。所谓"有风度

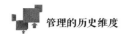

的领导者",是指陆军领导者应该具备军人举止、体魄强健、沉着自信、有强大的适应能力。所谓"有才智的领导者",指的是陆军领导者应该思维敏捷、判断准确、有创新精神、有良好的人际策略、有娴熟的专业知识。在《手册》看来,这是所有陆军领导者都应该具备的关键特质,这些特质使他们能够在从直接层面的领导者到战略层面的领导者的职业道路上发挥出最大的专业潜能。

八项核心能力

持续培养和完善自身的价值观与特质,以及获取专业性知识,只是成为称职领导者的必要条件。只有当领导者采取有效的行动,并且运用核心领导能力及相关要素时,才可以说是实施了成功的领导。因此,在"陆军领导者是什么"这个主题之外,《手册》的另一重心是"陆军领导者做什么"。

在这一部分,《手册》提出了陆军领导者为了完成"实施领导""发展组织"与"完成使命"这三个基本目标,所必须具备的八项核心领导能力,即"领导他人""将影响力扩展到指挥链之外""以身作则""沟通交流""营造积极的环境""自我准备""培养他人""达成结果"。

实施领导,是领导力的第一个基本目标。与实施领导有关的核心领导能力主要有四种,即领导他人、将影响力扩展到指挥链之外、以身作则、沟通交流。

领导他人就是影响他人的过程。领导者可以运用多种技巧来影响他人,从赢得下属的服从到确立对于成功的承诺等。为了成功地对他人施加影响,领导者需要为下属提供目的、动机与激励。为了完成任务，领导者还要强化执行标准，同时在关心下属与任务需求之间寻求平衡，以使他们成为战斗力的源泉。

在指挥链之外扩展影响力，是领导者的又一项核心能力。领导者经常需要在没有获得授权或权威没有得到其他人认可的情况下发挥影响力，这就意味着领导者要在军事指挥权力边界之外建立信任，理解影响力的范围、方式与局限，并运用合适的影响力技巧去进行谈判、达成共识和解决冲突等。

以身作则的能力对于领导者来说十分重要。无论是否意识到，领导者都是在为他人树立榜样。为此领导者既要展现品格，在不利的状况下自信地领导，并展现道德上的勇气，同时还要展现能力，从而磨炼下属的意志，动员其士气，取得最终的胜利。

沟通交流的能力着眼于保持团队行动的清晰焦点以完成使命所赋予的目标与任务。好的领导者会积极地倾听、清晰地陈述行动的目标，并确保共识的达成。没有清晰沟通的能力，领导者就无法实施领导。

发展组织，是领导力的第二个基本目标。发展组织涉及三种能力：营造积极的环境、自我准备、培养他人。

营造积极的环境是领导者的重要能力。领导者要创造条件，营造积极的环境，包括公正与包容、公开坦诚的沟通、终生学习的环境、良好的道德风气等。领导者还要增强团队的合作与凝聚力，并鼓励下属发挥主动性、体现责任心。领导者对下属的关心也会影响到组织的风气。将下属的幸福放在心上的领导者，会赢得更大的信任。

没有任何职业会像军人那样，仅仅因为准备不足就会造成不可

原谅的损失和不必要的伤亡,乃至任务的失败。因此领导者必须在自我学习与发展方面投入更多的时间,做好自我准备。自我准备的能力包括以下几个方面:应对预期和非预期的挑战,拓展知识,培养自我意识等。领导者要想做好自我准备,必须致力于终身学习,获得适应变化的领导环境中所需要的新技能。

培养他人是领导者的直接责任,领导者要想把今天的士兵培养成明天的领导者,就必须投入足够的时间与精力来培养下属和建立高效的团队。领导者应该评估下属的培养需求、鼓励下属的在职培养、支持下属的专业发展和个人成长,以及帮助下属学习。领导者主要通过专家咨询、教练指导与导师辅导三种方式来培养下属。

完成使命,是领导力的第三个基本目标。领导者的存在最终是为了努力完成陆军赋予的使命,这就要求领导者必须具备达成结果的能力。为此领导者需要为组织提供方向、指导与优先次序,制订与执行计划,并且运用监控来识别组织、团体和个人绩效中的优缺点,不断地提升组织的绩效,从而始终如一地以合乎道义的标准来完成使命。

三个领导层面

《手册》提出的三项基本特质、八项核心能力,可以说适用于陆军中所有的领导者。不过陆军领导力毕竟是有不同层面的。在不同的层面,三项基本特质和八项核心能力的内涵也会随之而有所改变。

《手册》根据职位的管理宽度、指挥部的级别、发挥影响力的范围以及其他因素,区分出了三个层面的陆军领导者:直接层面、组织层面与战略层面。

直接层面的领导者着眼于团队、单位和任务的视角，他们处于第一线，通常会与下属进行面对面的接触，并对下属施加直接的影响。与组织层面和战略层面的领导者相比，直接层面的领导者所经历的局面有更多的确定性和更少的复杂性。他们与行动足够贴近，因而可以在一线判断或解决所发生的问题。

组织层面的领导者着眼于组织、系统和流程的视角，他们要通过比直接层面的领导者更多层次的下属来实现领导，并需要将复杂的概念转化为容易理解的作战和战术计划以及果断的行动。与直接层面的领导者相比，组织层面的领导者往往通过制定政策与整合系统，而不是通过面对面的方式来影响下属；他们也更多地倚重于培养并授权下属来履行其所承担的责任与任务。

战略层面的领导者着眼于全球、区域和国家的视角，他们承担着确立组织结构、分配资源、传达战略性愿景、为司令部乃至整个陆军的未来角色做好准备等责任。如果说直接层面与组织层面的领导者更关注近期与中期的发展，那么战略层面的领导者则必须专注于未来。即使他们经常不得不对付中期和眼前的问题与危机，他们还是要用大量的时间考虑长期的目标并着眼于长远的成功。

尽管基本的领导能力是相同的，但是在不同的层面，对于领导者的技能要求却不尽相同。陆军领导者往往是在直接的领导层面获得基本的领导能力。当一位领导者从直接层面的领导者转变为组织层面的领导者，或者从组织层面的领导者转变为战略层面的领导者时，都需要进行领导方式的转换。例如，与直接层面的领导者相比，组织层面的领导者需要学会习惯于运用相比起来不是那么直接的方式来实施领导,如指示、控制与监督等。可能会占用较低层面的领导者大量精力去做的事情,比如对士兵进行面对面的监管,较高层面的领导者却只需要投入少量的精力。因而一些对于直接层面的领导者来说非常重要的专业技能,对于战略层面的领导者来说,却可能没有那么重要,因为后者需要把大部分的时间花在战略和系统级的领导议题上。

因此,领导力的发展过程不仅意味着领导者要获取更多的技能,还意味着领导者要学会放弃某些习惯的领导技能。较高层面的领导者,一方面要充分运用在担任较低层面的领导者时所获得的核心领导能力,另一方面则需要适应领导环境中更加复杂的实际情形,从而不断地提升自己的领导力。

十大影响技巧

军队是等级性的组织,军队的领导力很容易被一般人理解为简单的命令与服从的关系。提起美军的领导力,可能最为中国人所熟知的就是那句"没有任何借口"。而事实上,在美军中,"没有任何借口"并不是上下级关系的全部。

《手册》在谈到领导者如何发挥影响力时,详细阐述了施加压力、合法要求、交换、个人恳求、合作、理性说服、告知、激励、参与、关系建设十大技巧。这些技巧构成了"服从"和"承诺"为两个端点的连续体,反映了领导力内涵的丰富性。

施加压力指的是领导者可以运用清晰的命令来促使下属服从,例如,规定完成任务的最后期限,如果没有完成就需要承担消极的后果。间接的压力包括要不断提出要求和经常进行检查等。施加压力这种技巧在情势危急、时间紧迫或下属没有实现此前的承诺等情况下是有效的，但《手册》提醒，这种技巧不应该经常使用，因为它很容易引发下属的怨恨，在领导者施加的压力过于苛刻时尤为如此。当下属意识到压力其实与任务没有关系，而是由于领导者为了使自己被认可而有意去取悦上级时，他们的怨恨就会迅速破坏组织的士气、凝聚力与绩效。

合法要求指的是领导者以其权力为基础提出的要求。《手册》强调，在军队中，无论处于什么环境下，当下级接到上级的合法命令时，都必须完成特定工作。如果没有达到要求，下级就有可能会面临正式的处分。

毫无疑问，合法要求是领导者法定权力的体现，也是领导者经常用的影响力技巧，在这个领域只要领导者的命令是合法的，下级就的确是"没有任何借口"的。除此之外，领导者还应该根据不同的情况，灵活运用如下多种影响技巧：

交换，即以提供某些人们所渴望的物品或行动的方式，来换取人们对某一命令的服从。个人恳求，即请求下属基于友谊或忠诚来答应一项要求，在困难的情况下这种技巧通常会非常有用；合作，即协作提供援助与资源，以完成指令或指示。理性说服，即领导者提供证据、合乎逻辑的论点或解释，以展示某种要求为什么与达成目标是有关的。对于获得下属的服从或承诺而言，这经常是首选的方法，尤其是领导者在他力图发挥影响力的专业领域中被认为是专家的话，理性说服的方式可能会非常有效。告知，即领导者解释为什么某种要求对下属是有好处的，与交换不同，这些好处不在领导者的控制范围之内。激励，即领导者以激发对任务的热情的方式来唤起下属的强烈情感，从而树立起信念。领导者可以通过激励使下属超越最低标准，取得卓越的绩效。参与，即领导者请下属参与到解决问题或实现目标的规划中。积极地参与会增强价值感与认同感，会使人们看重自己的付出，并且会强化对履行义务的承诺。关系建设，即领导者与下属建立积极融洽和相互信任的关系，以使下属更愿意支持他们的要求。《手册》认为这一影响技巧一直是最有效的，可以使领导者获取下属持续的承诺。

从施加压力到关系建设，上述十大影响技巧，大致可以分为直接影响和间接影响两类，这二者是相辅相成的关系，领导者可以根据任务的重要程度决定采用哪一种或几种影响技巧。比如当形势紧迫并且有较大风险时，要求下属服从是可取的。在其他情况下，领导者则可以灵活地运用各种间接的影响来换取下属坚定的承诺。无论运用哪种技巧，关键是领导者的影响必须可信而真诚。手册从效果的角度将影响力分为积极的影响力和消极的影响力。积极的影响力来自那些做对陆军、使命、团队与每个士兵有利的事情的领导者，消极的影响力则来自那些主要关注个人利益与缺乏自知之明的领导者。手册强调，领导者的行为如果被下属视为自我谋利的话，那么他最多只能得到表面的服从。这是一种破坏性的力量，会从根本上对组织造成伤害。

一点感想

军事条令往往是比较枯燥的，但这本《手册》读来却引人入胜，一个重要的原因，是制定者下了很大的功夫，用尽可能生动的方式来阐述那些抽象的原则。比如，为了帮助陆军领导者深化对战争中领导力的理解,《手册》引用了大量的陆军领导者关于领导力的名言,如巴顿将军的"永远不要告诉人们如何做。告诉他们做什么,他们会用自己的智慧让你大吃一惊""下周才能制订出来的计划再完美,也不如一个现在就可以强力执行的好计划";麦克阿瑟将军的"没有一个国家会愿意把军事荣誉授予那些不能坚持普世行为准则的领导者。正是这些行为准则帮助人们区分出什么是正确的以及什么是错误的";谢尔曼将军的"军队也有灵魂。没有哪个将军能够完成其部队承担的所有工作,除非他能在指挥手下的身体及双腿之外,还能指挥他们的灵魂";等等。同时,《手册》还引用了数十个美国陆军战争史上经典的领导力案例,如葛底斯堡战役中的张伯伦上校、如石墙般屹立的托马斯·J.杰克逊准将、在战争与囚禁中表现出忠诚的温赖特将军等,以鲜活的故事生动地再现了陆军领导者在展开领导的过程中所可能面临的场景,从而使领导力条令变得有血有肉,也使这本《手册》有了很强的可读性。

曾国藩：中国传统文化中的领导力[1]

清末民初学者徐珂所编的《清稗类钞》中有这样一个故事：湘军名将刘长佑担任直隶总督时，在"剿捻"的方案上主张的是"合剿"；而湘军统帅、奉命主持全盘"剿捻"事务的曾国藩主张的则是"分堵"。二人意见不合，然而曾国藩却对刘长佑极力称道。刘长佑感慨地说，"涤翁于此乃毫无芥蒂，良由做过圣贤工夫来也"（曾国藩这老翁在这件事上竟然毫无芥蒂，实在是因为做过圣贤工夫呀）。

每一个领导者都在关注这样一个问题：在中国社会文化的情境下，究竟什么样的领导力才会使领导者走向成功？这个问题，曾国藩无疑是揭开答案的线索之一。无论是毛泽东曾经说过的"余于近人，独服曾文正"，还是蒋介石所说的曾国藩为人行事"足为吾人之师资"，都在昭示着这样一个事实：在曾国藩的身上，一定有某些与中国情境下成功的领导行为相契合的要素。

"立德、立功、立言"三不朽

中国古人对于一个人的最高评价，是所谓的"立德、立功、立

---

[1] 本文为作者《大道至拙：曾国藩与中国式领导力》（北京大学出版社，2013年）一书的前言，摘要刊于《北京日报》"理论周刊"（题为《曾国藩的领导力：并非权谋而是理念》）2015年5月25日。

言"三不朽。曾国藩是中国历史上少有的几个可以达到"三不朽"的人物。

所谓"立德",就是道德的提升与德性的成熟。中国人讲"修身、齐家、治国、平天下",在中国人看来,"修身"是"齐家、治国、平天下"的前提。用我们今天的话说,就是自我管理是组织管理的前提。曾国藩一生以"圣贤"为自己的人生追求,所谓"圣贤",就是德性成熟与道德完美的人。他的座右铭是"不为圣贤,便为禽兽"。成圣成贤的理念,使他一生都在追求卓越,而不向自我妥协,他的"立功、立言",都是建立在这一基础上的。在他的身上,充分体现出了德性与品格的修炼对于一个人领导力成长至关重要的价值。

所谓"立功",就是建功立业。曾国藩做的最大的事情是镇压了太平天国起义,挽救了大清王朝的命运。从政治的角度来说,人们当然可以对这件事情有不同的评价,但是所有的人都会承认,这件事情能够做成,是非常不容易的。曾国藩是一个文人,没有学过军事;曾国藩所率领的军队是湘军,湘军最早就是团练,也就是民兵、地方武装,它不是国家的正规军,得不到国家资源的支持。一个手无缚鸡之力的文人,带领一支非正规的地方武装,竟然完成了正规军都没有做成的事业,这其中一定有它的道理。湘军最早是草根起家的团练,开始时是乌合之众,曾国藩竟然在非常短的时间内,把湘军打造成了那个时代最有凝聚力、最有战斗力的部队。他是怎么打造出这样一个团队的?我们也知道,曾国藩事业的成功,很大程度上靠的是用人。那个时代几乎所有优秀的人才都愿意为他所用,他的手下也出了很多杰出的人才。让下属心甘情愿地追随于你,本身就是领导力的重要内容。曾国藩是怎么做到这一点的?曾国藩出身文人，指挥作战的能力其实并不高明，但是他非常善于进行战略的谋划，湘军虽然在战役上也打了不少败仗，但在战略上却一步步地占尽了优势，最终镇压了太平天国起义。那么，曾国藩在战略决策上到底有哪些过人之处？还有，曾国藩毕竟只是一个大臣，不是皇帝。他要想做成事，就必须首先处理好官场上的各种关系，包括与朝廷的关系、与同僚的关系、与下属的关系，等等，而官场的关系，向来是极为复杂的。在任何一种领导情境中，处理好各种各样复杂的关系，都是把事情做好、做成的前提。在这方面，曾国藩究竟表现出了什么样的智慧？所有这些，显然都是领导者会关注的问题。而曾国藩的成功之道，无疑也会给今天的领导者以启发。

所谓"立言"，就是提出自己的一套理论体系。曾国藩是一个悟透了中国文化的人，更主要的是他有着非常丰富的人生阅历与管理实践。他又是一个非常善于总结的人，往往把自己对人生的体悟，总结出几个字、一段话、一副对联来，与自己的朋友、下属和家人分享。李鸿章对曾国藩的"一言之教"便非常佩服，他曾经说，"古人谓一言可以终身行，真有此理"（古人说一个字就可以一辈子遵行不悖，真是有这样的道理）。梁启超也说，"彼其所言，字字皆得之阅历，而切于实际，故其亲切有味，资吾侪当前之受用者，非唐宋以后儒先之方所能逮也"（他所说的话，字字都是从阅历中来，符合实际，所以亲切有味，可以使我们受益无穷，不是唐宋之后的那些儒生们所能比拟的）。

曾国藩总结出来的这些道理，往往都非常简捷、通俗，但非常深刻、耐人寻味，具有很强的操作性与实践性。像他总结的人生三畏:"畏天命,畏人言,畏君父",天道三忌:"天道忌巧,天道忌盈,天道忌贰",人生三乐:"读书声出金石,飘飘意远,一乐也;宏奖人材,诱人日进,二乐也;勤劳而后憩息,三乐也",居官四败:"昏惰任下者败,傲狠妄为者败,贪鄙无忌者败,反复多诈者败",为人四知:"知命、知礼、知言、知仁",修身四课:"慎独、主敬、求仁、习劳",治事五到:"身到、心到、脚到、手到、口到",课心课身六法:"敬、恕、诚、静、勤、润",处世八德:"勤、俭、刚、明、忠、恕、谦、浑",等等。包括他所写的对联,如"大下断无易处之境遇,人间哪有空闲的光阴""好人半自苦中来,莫图便益;世事多因忙里错,且更从容""战战兢兢,即生时不忘地狱;坦坦荡荡,虽逆境亦畅天怀""打仗不慌不忙,先求稳当,次求变化;办事无声无息,既要老到,又要精明";凡此等等,都是可以作为领导者的箴言来读的。这是曾国藩给后人留下的最宝贵的财富。

以理念而非权谋为核心的领导力

不少人心中的曾国藩,往往是"权谋"的形象。曾国藩因此也成为官场权谋的代名词。

我们今天来看,曾国藩的领导力中,并非完全没有权谋的因素,但其大体,却是以卫道为激励之本,以纯朴为用人之本,以推诚为驭将之本,以耐烦为治心之本,以包容为处世之本,以大局为决策之本,以勤实为治事之本,以力行为修身之本。而其核心,则是"忠义血性"的理念。

曾国藩是书生从戎,他所面临的环境,又是非常险恶的:一方面是太平军所向披靡,势如破竹;另一方面,他所处的时代,正是封建王朝的末世。在整个统治集团中，官吏渎法贪冒，柔靡浮滑；士子不知廉耻，唯利是求。流波所及，军队之中，将帅贪婪平庸，士卒望敌而走。按曾国藩的说法，这些人都已经丧尽天良了。

在曾国藩看来，可怕的不是太平军的造反，而是人心的陷溺、人欲的横流。军事的失败只是一种表象，它的背后是价值体系的崩溃，"无兵不足深忧，无饷不足痛哭。独举目斯世，求一攘利不先，赴义恐后，忠愤耿耿者，不可亟得。……此其可为浩叹也"（没有兵不必要深忧，没有饷不值得痛哭。唯独放眼向这个世界看去，竟然很难找到一个见了有利可图的事情不奋勇争先、见了急公好义的事情唯恐落人之后的人。这是真正令人深深叹息的现象啊）。

要扭转这种局面，全在于"一二人之心之所向而已""此一二人者之心向义，则众人与之赴义；一二人者之心向利，则众人与之赴利"（社会的关键，就在于一两个领导者的价值追求往哪个方向而已。这一两个人追求大义，那么众人就会与之一起追求大义；这一两个人追求私利，那么众人就会与之一起追求私利）。

因此，在曾国藩看来，当务之急，是用以"忠义血性"为核心的理念来激发天良，改变人心，号召那些"抱道君子"，以"舍身卫道""杀身成仁"的精神，以"打脱牙，和血吞"的刚毅，以"志之所向，金石为开"的信念，去投身于挽澜于既倒的事业中。

在"舍身卫道""忠义血性"的驱动下，曾国藩的湘军确实表现出了它异于其他任何军队的战斗力。《中兴将帅别传》中说曾国藩"履危濒死屡矣，有百折不挠之志"，胡林翼"虽挫其气弥厉"，江忠源"每战亲临阵，踔厉风发"，罗泽南和他的弟子们"以灭贼自任""忠义愤发，虽败犹荣"……这些平时手无缚鸡之力的书生，竟然"敢战胜于勇悍愚夫",与"忠义血性"的激励是有很大关系的。

可以说,他的信念、他的抱负、他的道德、他的品格、他的毅力、他的胸怀、他强烈的救世意识,以及他执着地将自己的理念付诸行动所形成的强大的感召力,便是他的领导力的核心。正因为如此,他不仅挽救了大清王朝的命运,而且改变了那个时代的风气。因此,曾国藩的领导力,从根本上来说,就是他秉持以理念为核心(所谓的"忠诚"、所谓的"卫道"、所谓的"以道德、气节、廉耻为提倡")的抱负,并激励起一批有着同样理念的人共同投身于他所谓的事业,从而使湘军成为中国历史上"第一支有主义的军队"(蒋方震语),成为一支"扎硬寨、打死仗""尚朴实、耐劳苦"的军队。这是他能最终完成戡平"大乱"事业的根本原因。

这一点,也是历代的共识。梁启超说:

> 曾文正生雍、乾后,举国风习之坏,几达极点,而与罗罗山诸子,独能讲举世不讲之学,以道自任,卒乃排万险、冒万难,以成功名,而其泽至今未斩。今日数踸踔敦笃之士,必首屈指三湘。则曾文正所谓转移习俗而陶铸一世之人者,必非不可至之业,虽当举世混乱之极点,而其效未始不可观,抑正惟举世混乱之极,而志士之立于此漩涡中者,其卓立而渐被之,乃益不可已也。

这段话的意思是,曾国藩生于雍正、乾隆之后,举国风气的败坏,几乎达到了极点。唯独曾国藩与罗泽南等人,讲求举世都不去讲求的学说,以传承圣人的价值体系为己任,最终排除千难万险,成就了功业，而他的这种影响直到今天依然没有断绝。今天一谈到特立独行、淳朴笃实的志士，人们还一定首先提到三湘大地。由此可见，曾国藩所说的"以转移社会风气来造就一代之人才"，并不是不可达成的事业。虽然在举世混乱的极点，它的效果都未必不为壮观。抑或者说，正是在举世混乱之极的时候，仁人志士，立于漩涡之中，其卓立独行、洗涤人心的功效，才更加不可阻止啊。

曾国藩的理念的核心，其实就是传统的儒家思想。儒家的理念，用宋代理学家张载的话说，就是"为天地立心，为生民立命，为往圣继绝学，为万世开太平"。这一理念早就在那里了，然而一般的儒生却只是想、只是说，而不敢做、不去做。曾国藩与一般儒生不一样的是，他坚信"天下事在局外呐喊议论，总是无益，必须躬自入局，挺膺负责，乃有成事之可冀"。因而他以"忠诚为天下倡"的信念，以"拙""诚"的"力行"的功夫，以"知一句便行一句"的精神，把儒家的理念转化为强有力的行动，从而完成了自己的功业。

毛泽东所说的"传教"，恰如其分地点出了曾国藩的领导特质与成功因素。研究领导力问题的著名专家詹姆斯·库泽斯和巴里·波斯纳曾说："理念影响着我们生活的每一个方面：我们的道德判断，我们对他人行为的反应，我们对个人目标和组织目标的投入程度，等等。理念为我们每天要做出的各种决策设定了坐标。与理念相反的意见很少付诸行动，即使付诸了，也不会很投入地去做。理念是我们个人的'底线'。"事实上，这也是伟大的领导力的共同特点：伟大的领导力，一定是以清晰的理念为核心、以坚定的践行为关键的，一定是大中至正、可昭日月的。曾国藩的明道以救世，修己以治人，正是领导力中真正的大智慧。

一生三变：一个领导者的成长轨迹

对于领导者来说，清晰而执着的理念非常重要，但仅有理念是不行的。所有的领导行为都是在一定的现实环境中展开的，成熟的领导力，除了理想的追求之外，一定还需要清醒的现实取向，需要在现实中解决问题的能力。

曾国藩的朋友欧阳兆熊曾说，曾国藩"一生三变"：

> 做京官时以程朱为依归，办理军务一变而为申韩，咸丰八年再出而以黄老处世。

程朱，即程颐、程颢兄弟与朱熹，是理学的大师；申韩，即申不害与韩非子，是法家的代表；黄老，即黄帝与老子，是道家的别称。欧阳兆熊的这段话，很好地点出了曾国藩的领导力是从"儒"到"法"再到"道"——实际上是从理想到现实再到成熟——的螺旋式成长轨迹。

曾国藩在北京为官的时候，以理学为自己的修养之道。理学对他的领导力的形成起到了至关重要的作用。理学何为？理学就是要"学做圣贤"。曾国藩一生以"做圣贤"为自己的追求，他的格言是"不为圣贤，便为禽兽"。他认为人生只有两个境界，要么是圣贤，要么是禽兽。所以他逼着自己一定要进行品格的提升，达到道德完美的境界，达到圣贤的境界。用我们今天的话来说，追求卓越是他一生最大的价值驱动力。只有具有这样的追求的人，才能真正成就伟大的事业。

理学对他的另一个影响,就是"卫道"的强烈使命意识。"士不可以不弘毅,任重而道远",真正的儒生都会有强烈的担当意识、责任意识、传承孔子以来的道统的意识,所谓的"民物命何以立,圣贤道何以传"。然而太平军信仰的是天主教,并以天主教来打击孔子的文化地位,所到之处都烧孔庙、烧诗书,甚至宣布上帝罚孔子在地狱里扫厕所。孔子在中国读书人的心中是"万世师表",太平军的这种做法无疑激起了当时知识分子强烈的仇恨,必欲灭掉太平天国而后快。曾国藩正是这些读书人中的代表性人物。他以"卫道"为旗号,号召仇恨太平天国的知识分子,即所谓的"抱道君子",奋起与太平天国对抗。这样一来就把一场军事的战争,变成了一场文化上、价值上的"卫道"的战争,这也就使得湘军变成了"中国历史上第一支有主义的军队"。这也是曾国藩能够成就事业的根本因素。

在中国文化中,儒家一直扮演着主体的角色,儒家为中国人提供了理想的人格和价值的追求,这是一种正面的导向。但是,儒家也带有明显的理想主义色彩,儒家是以"道德"为核心的,相信的是道德的力量。但是现实的世界从来都并非完美的,因而理想主义色彩过浓的儒生,往往是"迂远而阔于事情",无法把事情做成。因此,对于必须在现实世界中把事情做成的曾国藩来说,只靠儒家的价值理念,显然是远远不够的。

曾国藩出来统帅湘军、带兵打仗,"一变而为申韩",开始运用法家的施为。法家与儒家有很大的不同。如果说理解儒家的核心是一个"德"字,那么理解法家的核心其实就是一个"利"字。如果说儒家相信人性有向善的可能，相信道德的力量，强调的是人性的理想的一面，那么法家相信的则是人性本恶，人是有求利的本性的，它强调的是人性的现实的一面。韩非子说，"舆人成舆，则欲人之富贵；匠人成棺，则欲人之夭死也。非舆人仁而匠人贼也。人不贵，则舆不售；人不死，则棺不卖，情非憎人也，利在人之死也"（做车的工匠做好了车，就希望富贵的人越多越好；做棺材的工匠做成了棺材，就希望人死得越早越好。并不是做车的道德多么高尚、做棺材的道德多么败坏，而是利益决定了他们的不同行为。这个社会，从本质上来说是围绕着利益而展开的。离开了利益两个字，你就无法真正理解人性，就无法真正去理解人、激励人）。

法家所信奉的，除了利益之外，还有实力。儒家对道德的力量充满了自信，所谓"君子之德风，小人之德草"，风往哪边去，草就会往哪边倒。用今天的话说，儒家相信的是道德的影响力、感召力，相信的是德化的力量。法家从来不相信这些东西，法家相信的是强制性的权势的力量，所谓的"力生强，强生威，威生德"。法家认为权势才真正具有让人屈服和顺从的力量，人的行为也只有通过强制的力量才能改变，所谓的"力强则人朝，力强则朝于人"，在法家眼中，除了实力之外，是没有真正靠得住的东西的。

与此相关，法家还强调争夺。儒家相信人是向善的，因而对人的良性互动抱有乐观的期望，强调的是建立一个和谐的社会，而法家认为这个社会的本质就是争夺，就是弱肉强食。争什么？争利益。靠什么争？靠实力。

与儒家相比，法家的思想非常现实。它把社会的本质血淋淋地展现在人们面前。它提供给人们的是一种现实的取向。这就使得曾国藩一方面有着儒家的理想,但他的理想不再是一种理想主义。这就使得他与一般的儒生有了区别。它使得曾国藩能够透过一些表面的温情脉脉,看清楚深层次的利害,对人情世故有清醒的认识,从而达到所谓的"巨细周知、表里洞彻",这无疑是他能在为官从政过程中始终保持清醒而明白的意识的关键因素。

但是法家也有自身的不足。法家最大的问题是什么?过于强势,过于冷酷,过于霸道,过于刻薄,过于自是,过于以自我的利益为中心。曾国藩在湖南办团时,这个特点充分地表现了出来,他一方面对起来造反的百姓,效法"武健之吏",以"严刑峻法痛加诛戮",自己"身得残忍严酷之名亦不敢辞"(学习那些法家的酷吏,以严厉的刑法加以强力的诛戮,自己背上残忍严酷的名声也在所不惜);另一方面,对待官场,则是"所办之事,强半皆侵官越俎之事。以为苟利于国,苟利于民,何嫌疑之避?是以贸然为之"(所办的事情,大多数是侵犯与凌越其他人权限的事情,以为只要对国家有利、对百姓有利,有什么要避嫌的?所以不管不顾,放胆做去)。

如此的逞强、霸道、自是,一定会导致别人的敌意与对抗。而一个人一旦陷入这种局面,注定是要失败的。所以曾国藩在湖南和江西带兵时,人际关系陷入极度紧张的境地。所到之处,与官场冲突不断,以至于到了"通国不能相容"的地步,最终败得一塌糊涂,被皇帝罢免了兵权,被迫回家守制,他也因此跌到了他人生的最低谷。

巨大的挫折像一个熔炉一样,使得曾国藩有了一个自我反省并得以真正脱胎换骨的机会。挫败一度使曾国藩陷入无尽的焦虑抑郁之中,他不明白为什么自己一心一意想做事,所到之处,官场却总是跟他作对,甚至连朝廷都对他弃之如敝屣。正在他焦头烂额、走投无路的时候,他的朋友欧阳兆熊的一席话"岐黄可医身疾,黄老可医心病",使他突然意识到,也许问题并不在别人,而在自己。他由此对自己此前的作为开始了长达近一年的反思,最后他终于意识到,问题其实就是出在自己身上。曾国藩在跟他的弟弟曾国荃谈到自己的这段经历时说:

> 兄昔年自负本领甚大,可屈可伸,可行可藏。又每见人家不是。自从丁巳、戊午人悔人悟之后,乃知自己全无本领,凡事都见得人家有几分是处。故自戊午至今九载,与四十岁前迥不相同。大约以能立能达为体,以不怨不尤为用。立者,发奋图强,站得住也;达者,办事圆融,行得通也。

这段话的意思是,我以前以为自己很了不起,可屈可伸,可行可藏。眼中所看到的,都是人家的问题。自从丁巳年到戊午年的大悔大悟之后,我才知道自己一点本事都没有,凡遇事情看到的都是人家有几分道理。所以从戊午年到现在已经九年了,跟我四十岁以前是完全不一样的。大致说来,以能立能达为体,以不怨不尤为用。立,就是要想做事,要发奋图强,这样才能站得住;达,就是还要会做事,要办事圆融,这样才能把事做成。

近一年的自我反省对曾国藩的人生观产生了极大的影响,于是他"咸丰八年再出而以黄老处世"。黄老就是道家。道家与法家相比最大的不同在哪里?如果说法家的特点在于一个"刚"字,那么道家的特点便在于一个"柔"字。道家的重要命题是"柔弱胜刚强",

是"天下之至柔，驰骋天下之至坚"，是"江海之所以能为百谷王，以其善下之"，是"强大处下，柔弱处上"，是"为而不争""以其不争，故天下莫能与之争"，是"方而不割，廉而不刿，直而不肆，光而不耀"，是"知其雄，守其雌"。法家之弊是逞强，是刚愎自用，是自以为是。道家的"柔弱""不争"，恰恰是要打破人的自矜、自伐、自是、自彰，从过分的自我中心之中走出来。

人天然地都是以自我为中心的，往往会把自己看得高，把别人看得低；把自己看得重，把别人看得轻。这是人性的本质。领导者是组织的核心，然而领导行为的本质处理的就是"人"与"我"的关系。领导力的突破过程，其实就是一个勘破自我的过程，就是一个打通"人""我"、融汇"人""我"的过程，就是走出小我、成就大我的过程。一个"自负本领"甚大"又每见人家不是"的人，其领导行为一定是自我的、尖刻的、排斥的、抗拒的、敌对的、盛气凌人的。这样的领导行为是无法使别人心甘情愿地追随与合作的。曾国藩的"大悔大悟""乃知自己全无本领"，正是对过去的过分自我的超越。一个"凡事都见得人家有几分是处"的人，其领导行为往往是开放的、吸收的、包容的、谦和的、合作的、超越自我的。这样一来才能汇集与吸收各方面的能量，最终成就一个全新的大我。

正是从这个角度出发，曾国藩提出了一系列为人的基本原则，如"自家的优点，要掩藏几分，这是涵育以养深；别人的缺点，要掩藏几分，这是浑厚以养大"；"与人忿争，不可自求万全处；白人是非，不可过于武断"；"凡人我之际，须看得'平'；功名之际，须看得'淡'"；"功不必自己出，名不必自己成"；"功不独居，过不推诿"；"凡利之所在，当与人共分之；凡名之所在，当与人共享之";"舍己从人,大贤之量";"以贤临人,未有得人者也;以贤下人,未有不得人者也";等等。

领导行为的失败,往往是由自我导致的。当一个人走出自我的藩篱时,心态、认知和待人处事的风格都会发生根本的转变。它会使人能更清楚地看清自己,也更清醒地理解别人,学会倾听、学会欣赏、学会包容,从而更好地处理"人""我"的关系,也就能够"行得通"。这就是领导力达到真正成熟的境界的最终表现。

如果说儒家给曾国藩以理想的追求,法家给曾国藩以现实的眼光,那么道家就是给曾国藩以真正成熟的心态。道家所展现的是一种包容,是一种耐烦,是一种从容,是一种恬淡,是一种灵活,是一种弹性,是一种圆融,是一种更高的人生智慧。欧阳兆熊说曾国藩"一生三变",其实曾国藩是把儒、法、道三家的精髓完美地结合在了一起。他既有儒家的理想与追求,又有法家的清醒与现实,同时还有道家的成熟与灵活,从而达到了真正的圆通无碍的境界。

对于领导者来说,仅有做事的激情是不行的,还要有解决问题的能力;仅有价值的执着是不行的,还要有与现实妥协的智慧。一个伟大的领导者,既需要有对理想的坚守,又需要有清醒的现实取向。要在理想中关注现实,在现实中追求理想。理想与现实之间的这种平衡,是曾国藩领导力的最大特色,也是他最终能够成就事业的根本原因。

内圣外王:本土领导力的典型案例

曾国藩的领导力,是一种典型的中国式的领导力,他所体现的全是中国文化的基本精神。与曾国藩同时代的薛福成在分析曾国藩成功的原因时说："'以克己为体，以进贤为用'，二者足以尽之矣"；而"其克己之功，老而弥笃，虽古圣贤自强不息之学，亦无以过之也"。民国年间的浙江大学教授胡哲敷在评价曾国藩时也说："大概谦、恕二字，可以代表他待人接物的气度。勤、恒二字，则是他终身行事的不二精神。"同为民国年间学者的龙梦荪在《曾文正公学案序》中认为，曾国藩一生成就，其得力之处，在于"强毅"与"谦谨"：

> 曾文正为近世之大人物，德业文章，炳耀寰宇，虽妇孺亦知钦佩其为人。彼果何所得力而成就如斯之盛哉？吾尝读其遗集，按其行事，反复推求，始知其得力所在，盖由"强毅""谦谨"而来也。惟其"强毅"也，故困知勉行，力追前哲，特立独行，自拔流俗，虽极人世艰苦之境，而曾不少易其心；虽遇千挫百折之阻，亦不足以夺其志。真者必信，而不为外界所移；妄者必不信，而不为古人所欺。惟其"谦谨"也，故尝以事理无尽，不敢以才智自矜。其接物也，则小心翼翼，无一人之敢慢。其赴公也，则兢兢业业，恐一事之或忽。以世务莫测，所推之或误也，则时思以博访于人；以国事万端，才力之未逮也，则举贤共图如不及。其学问之所以增进，道德之所以高尚，功业文章之所以炳耀寰宇，诚所谓日就月将，有本有源者矣。

谦恕也好，勤恒也好，强毅也好，谦谨也好，都是源于中国文化的品德修养的功夫。借用萧一山先生的话说，勤恒、强毅，为"刚"，表示"求善固执"的求是精神，代表的是自强不息；谦恕、谦谨，为"虚"，表示"虚怀若谷"的宽容精神，代表的是厚德载物。二者合一，乃得刚柔互济之效，这又是中庸的道理。由此可见，曾国藩领导力的大本大源，就是中国传统文化的活水。

民国年间曾留学哈佛大学、牛津大学，被学者誉为学贯中西、文通古今的郭斌和，在《曾文正公与中国文化》一文中说：

> 我国过去教育目的，不在养成狭隘之专门人才，而在养成有高尚品格、多方发展之完人。求之西方，以英国牛津、剑桥两大学之教育埋想，与此为最近似。
>
> 曾文正公，即我国旧有教育理想与制度下所产生最良之果之一，故能才德俱备，文武兼资。有宗教家之信仰，而无其迷妄；有道德家之笃实，而无其迂腐；有艺术家之文采，而无其浮华；有哲学家之深思，而无其凿空；有科学家之条理，而无其支离；有政治家之手腕，而无其权诈；有军事家之韬略，而无其残忍。
>
> 西洋历史上之人物中，造诣偏至者固甚多，然求一平均发展道德文章事功三者之成就，可与文正相比者，实不数观。而文正之在中国，则虽极伟大，要不过为中国正统人物中之一人。呜呼！斯真中国教育之特色，中国文化之特色也。

中国传统文化的重心，强调的是"修己安人""内圣外王""有体有用"；在中国人看来，领导者必须具备"圣""王"的双层资格：有"圣"人修己之体，然后才能为"王"者治人之用。中国文化所强调的是，内在品格的养成是领导力成长的前提。用最通俗的话说，就是先学做人，后学做事，做人是领导力之本。曾国藩兼具

"圣""王"的双重资格，造成精神事业的领袖，其领导力，正是从传统文化中浸润而来的。这确实体现了中国文化的大智慧与大境界。

有意思的是，曾国藩的身上虽然不可避免地带有那个时代的局限性，但是，他所总结出来并亲身践行的、在我们今天看来与中国文化特性密切相关的许多内容，如耐烦、包容、谨慎、谦卑、果断、坦诚、朴实、恕道、毅力，等等，也恰恰是当代西方管理学理论中越来越重视的领导品质。这些内容，既是中国情境下领导者成功所必备的要素，也是成就伟大的领导者所必备的共同特质，不管是在东方，还是在西方。从曾国藩身上，我们可以清楚地看出，几千年的中国文化，具有多么强大的生命力。从这个意义上，我们可以把曾国藩看作一个本土领导力的最典型的案例，借以体悟本土领导力的深沉厚重。

曾国藩的"拙"式领导力[1]

不少人心中的曾国藩，往往是"权谋"的形象。曾国藩因此也成为官场权谋的代名词，这其实是极大的误解。曾国藩并非天资聪颖之人。左宗棠对曾国藩的评价是"才略太欠"，是个"书憨"，即书呆子。梁启超也说曾国藩"非有超群轶伦之天才，在当时诸贤杰中，称最钝拙"。曾国藩也很有自知之明，他评价自己"生平短于才""自问仅一愚人"。他给家里写信时也说："吾兄弟天分均不甚高明"；他曾以读书、做事为例说："余性鲁钝，他人目下二三行，余或疾读不能终一行；他人顷刻立办者，余或沉吟数时不能了"。曾国藩的这些特点，同以聪明和才略而著称的胡林翼与左宗棠相比，确实是非常突出的。

然而曾国藩的成功之处在于，他恰恰因此而发展出了一套践行自己理念的"拙诚"的功夫。"拙诚"强调的就是不存投机取巧之心。所谓的"拙"，就是一步一步地去做；所谓的"诚"，就是实心实意地去做。在一个虚浮、圆滑、取巧、推诿成为社会普遍心态的时代，曾国藩却揭橥出"天道忌巧"的命题。他高呼"去伪而崇拙"，相信"惟天下之至诚，能胜天下之至伪；惟天下之至拙，能胜天下

---

[1] 本文刊于《商业评论》2013年10月号。

之至巧"。梁启超认为曾国藩的成功,恰恰就是这个"拙诚"的功夫;民国年间的学者萧一山也说"不尚机权,惟务质实",是曾国藩人生哲学的核心。"拙诚"二字,正是帮助我们揭示出曾国藩身上所具有的领导特质与事业成功要素的关键。

理念:志之所向,金石为开

曾国藩所说的"拙诚",首先体现在他在晚清这样一个功利而浮躁的时代,对于自己理念的坚守与践行上。

曾国藩所处的时代,正是封建王朝的末世。整个统治集团中,官吏渎法贪冒,柔靡浮滑;士子不知廉耻,唯利是求。流波所及,军队之中,将帅贪婪平庸,士卒望敌而走。按曾国藩的说法,这些人都已经丧尽天良了。在他看来,当时最可怕的不是太平军的造反,而是统治阶级本身的人心陷溺、人欲横流。军事的失败只是一种表象,它的背后是价值体系的崩溃:"无兵不足深忧,无饷不足痛哭。独举目斯世,求一攘利不先,赴义恐后,忠愤耿耿者,不可亟得。……此其可为浩叹也。"

在曾国藩看来,大清王朝要想度过这场空前的危机,就不能仅仅着眼于眼前的军事问题,而是人心的问题。对于投身于这场大博斗中的社会精英们来说,也就不应当仅仅具备军事素质,更需要具备卫道的精神。只有重建社会的价值体系,才能挽救当前的局面;而重建社会的价值体系,全在于"一二人之心之所向而已":"此一二人者之心向义,则众人与之赴义;一二人者之心向利,则众人与之赴利。"当务之急,则是用以"忠义血性"为核心的理念来激发天良、改变人心,号召那些"抱道君子",以"舍身卫道""杀身成仁"的精神，以"打脱牙，和血吞"的刚毅，以"志之所向，金石为开"的信念，投身于挽狂澜于既倒的事业中。只有忠义血性之士，才能自拔于流俗，才能以强烈的使命感、责任心和卫道精神，去堪破得失、堪破利害、堪破生死，名利不足以辱其身，生死不足以动其性，关键之地能站住脚，途穷之日能定住心，以此"塞绝横流之人欲""挽回厌乱之天心"，从而从根本上扭转军事和政治上的危机。

由此，曾国藩便把与太平天国的斗争，由军事和政治上的斗争，提升到了价值信仰的层面。在"舍身卫道""忠义血性"的驱动下，曾国藩的湘军确实表现出了它异于其他军队的战斗力。《中兴将帅别传》中说曾国藩"履危濒死屡矣，有百折不挠之志"，胡林翼"虽挫其气弥厉"，江忠源"每战亲临阵，踔厉风发"，罗泽南和他的弟子们"以灭贼自任""忠义愤发，虽败犹荣"……这些平时手无缚鸡之力的书生，竟然"敢战胜于勇悍愚夫"，屡挫屡奋、屡败屡战，与"舍身卫道""忠义血性"的激励是有很大关系的。曾国藩在《湘乡昭忠祠记》中回顾湘军成功的原因时说过一段非常精彩的话：

> 君子之道，莫大乎以忠诚为天下倡。世之乱也，上下纵亡等之欲，奸伪相吞，变诈相角，自图其安，而予人以至危，畏难避害，曾不肯捐丝粟之力以拯天下。得忠诚者起而矫之，克己而爱人，去伪而崇拙，躬履诸艰，而不责人以同患，浩然捐生，如远游之还乡，而无所顾悸。由是众人效其所为，亦皆以苟活为羞，以避事为耻。呜呼！吾乡数君子所以鼓舞群伦，历九载而戡大乱，非拙且诚者之效欤？

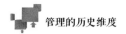
管理的历史维度

这段话的意思是,君子之道,没有比"以忠诚为天下倡"更大的了。世道混乱的时候,上上下下都拼命追求没有节制的欲望,用奸伪之心相互吞并,用变诈之心相互争斗,各自图谋自己的安全,而不惜把别人置于最危险的地方。畏难避害,就连捐出一丝一粟来拯救天下的力量也不想出。得到忠诚之人起而矫正这种风气,克己爱人,去伪崇拙,亲临艰难而不苛求人共患难,浩然献身如同远游之人回到故乡而无所犹豫担心。于是众人效其所为,也以苟活为羞,以避事为耻。呜呼!我们同乡几位君子之所以能够鼓舞群伦,纵横天下,戡平大乱,难道不正是拙和诚的效果吗?

曾国藩所说的"舍身卫道""忠义血性",显然是有其鲜明的内涵的。但是,它也提出了一个命题,就是对于领导者而言,理念以及由此产生的使命感与责任感所具有的核心地位。湘军之所以能够成为中国历史上"第一支有主义的军队"(蒋方震语),能够把太平天国运动镇压下去,正根源于这种理念所带来的刚健而持久的强大的精神动力。

不管在什么样的时代,一个人要想成就一番事业,都是需要智慧和勇气的。人有趋利之勇,人有血气之勇。趋利之勇,金多则奋勇蚁附,利尽则冷落兽散;血气之勇,气实则斗,气夺则走。同样,人有避害逐利之智,人有巧饰取容之智,但这都是谋及一身的小智。胜则争功,败则先走,正是这种小智,导致了人性的沦丧。理念赋予人的则是强烈的担当与责任意识。只有在理念基础上的智慧与勇气,才会把个人的生存智慧,升华为家国、王朝和文化的生存智慧;把个人的生存勇气,升华为家国、王朝和文化的生存勇气。这样的理念,本身就是一种智慧和力量;这样的理念,可以激发出领导者身上的所有潜能，从而使其担负起常人难以担负的责任。创下常人难以创立的功业。可以说，曾国藩的信念和抱负，他强烈的救世意识，执着地将自己的理念付诸行动所形成的强大的感召力，以及由此所激励起的一大批有着同样理念的"抱道君子"共同投身于他所谓的事业，正是他能够成就功业的关键因素。

用人：尚朴实，耐劳苦

任何理念最终都是需要认同理念的人去实现的。如果在理念上曾国藩高扬的是"舍身卫道""杀身成仁"，那么在人才的选拔上，他选择的则是能够切实认同这种理念并加以践行的"朴拙之人"。

曾国藩揭橥出了"以忠诚为天下倡"的理念，然而他所面临的却是投机取巧、虚伪浮滑的普遍的社会心态。承平日久，无论是官场还是军队，都是"巧滑偷惰，积习已深"。太平天国起义以来，清政府的正规军绿营一败涂地、望风而逃，"大难之起，无一兵足供一割之用"，原因就在于当时的绿营"无事则应对趋跄，务为美观；临阵则趑趄退避，专择便宜；论功则多方钻营，希图美擢；遇败则巧为推诿，求便私图"。人人都想着投机取巧、争功诿过，这样的军队根本形不成战斗力。在曾国藩看来，要想打败太平军，就必须从根本上改变这种习气。

为此，曾国藩自编练湘军始，就非常重视避免使绿营养成虚浮的习气，而是使其养成一种朴实纯正的作风。为此曾国藩从最根本的选人环节入手，提出在选人上，除了以"忠义血性"为本之外，还强调军官一定要选"质直而晓军事之君子"，兵勇则一定要选"朴实而有土气之农夫"。

湘军对军官的选拔，以"朴实廉介"为原则。曾国藩说，"大抵观人之道，以朴实廉介为质。以其质而更傅以他长，斯为可贵。无其质则长处亦不足恃"（大概说来，考察人才的优劣，应当以看他是否具备朴实、廉正、耿介的品质为主。有这样的品质，又有其他的特长，才是最可贵的。如果没有这样的品质，即使有其他的特长，也是靠不住的）。他认为，"军营宜多用朴实少心窍之人，则风气易于纯正"。所以他特别强调要"于纯朴中选拔人才"，认为"专从危难之际，默察朴拙之人，则几矣"（专门从危难之际，不动声色地识别出那些有朴拙品质的人才来加以重用，这样才是可以的）。

曾国藩所说的"纯朴之人""朴拙之人"，是指具有朴实、踏实，无官气、不虚夸，不以大言惊人、不以巧语媚上，负责实干、吃苦耐劳的作风的人才。曾国藩之所以喜欢用朴实之人，一个原因就是这样的人实实在在，没有投机取巧之心，只要把任务布置给他，他就会往死里打。而那些浮滑的将领，"一遇危险之际，其神情之飞越，足以摇惑军心；其言语之圆滑，足以淆乱是非"（一旦遇到危险，他们神情的慌张，足以动摇军心；他们言辞的圆滑，足以混淆是非）。所以，他说湘军从来不喜欢用太能说会道的将领："凡官气重、心窍多者，在所必斥。"

对普通士兵的选择，曾国藩也是以朴实为本。湘军的军饷在当时是比较高的，所以很多人都愿意应募当兵。在湘军早期招兵的时候，曾国藩往往会亲自面试。他坐在一张桌子的后面，如果前来应募的人面色白白净净，眼珠滴溜溜地转，一看就是"城市油滑之人"，他马上就连连摇头，表示不行；如果前来应募的人皮肤晒得黑黑的，手脚粗大，脚上恨不得还粘有泥巴，一看就是刚从田里来的乡野农夫，他马上就连连点头，表示可以。用他的话说，他专选那些"朴实而有农民土气者"，而"油头滑面，有市井气者，有衙门气者，概不收用"。

选什么样的人，决定了一个组织会形成什么样的作风。湘军选的都是朴实、拙诚之人，由此也就形成了湘军以朴实为特点的作风。曾国藩曾说，"楚军水、陆师之好处，全在无官气而有血性，若官气增一分，则血性必减一分"（湘军水师、陆师，最大的好处就是实实在在，没有虚浮的、摆架子的、面子上的东西。有的只是一种朴素的、实实在在的血性。如果虚浮的东西多一分，实实在在的东西就会少一分）。他还说，"我楚师风气，大率尚朴实，耐劳苦。老湘营恪守成法，故声名历久不衰"（湘军的作风，大致说来就是六个字：尚朴实，耐劳苦。老湘军恪守这样的原则，所以能够基业长青）。他还警告说，"历岁稍久，亦未免沾染习气，应切戒之"（时间长了，任何组织都会不可避免地沾染上虚浮的习气，这是一定要切切警惕的，因为正是这种习气会掏空一个组织的基础）。

"尚朴实，耐劳苦"，可以说是湘军战斗力的来源。湘军靠什么打胜仗？靠什么持续地打胜仗？靠的就是这种"尚朴实，耐劳苦"的作风。而湘军之所以能形成这样的作风，关键就是湘军选募时坚持选实在朴拙之人。曾国藩的用人，表面看来迂阔笨拙，其实正是他的过人之处。

治事：大处着眼，小处下手

在具体的管理上，曾国藩强调的则是"大处着眼，小处下手"的平实功夫。

管理最忌讳的就是全无实际而空谈误事。曾国藩从一开始就对此有深刻的认识，他强调"军事是极质之事"，来不得半点虚浮的东西。他说自己"恶闻高言深论，但好庸言庸行"（厌恶听到那些高谈阔论，只喜欢平实之言、平实之行）。他在解释什么是"实"时说："实者，不说大话，不好虚名，不行架空之事，不谈过高之理。"什么是实？实就是不说大话，不求虚名，不做虚浮无根的事情，不谈不着边际的道理。

总结曾国藩的管理风格，可以说是以"勤、实"二字为核心的。他说，"治军总须脚踏实地，克勤小物，乃可日起而有功"（带兵一定要脚踏实地，勤勤恳恳，一步步地从小事做起，才能日积月累，见到成效）。

"勤"的核心，是"五到""三勤"。他说：

> 办事之法，以五到为要。五到者，身到、心到、眼到、手到、口到也。身到者，如做吏则亲验命盗案，亲巡乡里。治军则亲巡营垒、亲探贼地是也。心到者，凡事苦心剖晰，大条理、小条理，始条理、终条理，理其绪而分之，又比其类而合之也。眼到者，着意看人，认真看公牍也。手到者，于人之长短，事之关键，随笔写记，以备遗忘也。口到者，使人之事，既有公文，又苦口叮嘱也。

曾国藩所说的"身到"，就是管理者一定要亲临现场。湘军之中，各级将领，从大帅以下一直到营官，都是以亲看地势为行军作战的第一条原则。像曾国藩进攻武昌，就是先乘小船亲赴沌口相度地势；左宗棠攻杭州，也是先骑着马赴余杭察看地形。他们都是在看明地形之后，才制定进攻的方略。其他将领像塔齐布、罗泽南、王鑫、刘典等，都是以善看地势而著称。刘典在嘉应作战时，在战前的几天，带领自己手下的统领、营官们，将附近数十里内大小路径全部勘察了一遍，达到了如指掌的地步。仗打起来后，冲、堵、抄、截，各尽其能，一战便全歼了对手。

身到之外，心到、眼到、手到、口到，湘军上下也都是全力施行。这"五到"，重心在于一个"到"字，不是六分到位、七分到位，而是十分到位，反映了湘军对执行力的高度重视。

"五到"构成了湘军基本的治事之方。除"五到"之外，曾国藩还有"三勤"的说法。所谓的"三勤"，是指"口勤、脚勤、心勤"，其实就是对"五到"的另一种表述。

"实"的核心，则是带兵要从小处、细处下手。曾国藩说，"近年军中阅历有年，益知天下事当于大处着眼，小处下手。陆氏但称先立乎其大者，若不辅以朱子铢积寸累工夫，则下梢全无把握。故国藩治军，摒弃一切高深神奇之说，专就粗浅纤细处致力"（近来有了几年的带兵经验，越发明白一个道理，就是天下之事，当从大处着眼，小处下手。陆象山只是说"先立乎其大者"，如果不加上朱熹铢积寸累的功夫，那么下手之处全没有把握。所以我治军，摒弃所有高深神奇的理论，专门就粗浅纤细处下功夫）。

曾国藩对于下属的要求，往往就是办事要从浅和实的地方下手。张运兰，字凯章，因为做事扎实，而被曾国藩一再提拔。有一次，曾国藩安排张运兰与宋梦兰配合作战，他专门给宋梦兰写信说，"凯章办事，皆从浅处、实处着力，于勇情体贴入微。阁下与之共事，望亦从浅处、实处下手"（凯章这个人办事，都是从浅处、实处下功夫，对士兵的情况体贴入微。阁下您与他合作，希望也要从浅处、实处下手）。

湘军之中，从粗浅纤细的"小处"下手，典型的例子就是曾国藩亲手拟定的《湘军日夜常课之规》。这是他制定出来的"日日用得着的"、人人易知易行的规章制度。其基本内容其实非常简单，就是点名、演操、站墙子三项。点名则使士兵不能私出游荡，为非作歹；演操则使士兵锻炼体魄，熟练技艺；站墙子则士兵日日如临大敌，有备无患。这些都是军队管理的基础。这三项，也就是所谓的"湘军家法"。这些营规看起来十分粗浅、简单，甚至给人以笨拙的感觉，但却是实实在在、脚踏实地地抓住了治军的关键。正因为它是粗浅简单的，士兵才能人人易知易行，成为训练有素的军队。正是这些粗处浅处，奠定了湘军战斗力的基础。用胡林翼的话说："兵事不可言奇，不可言精，盖必先能粗而后能精，能脚踏实地乃能运用之妙存乎一心。"

作战：扎硬寨，打死仗

从军事指挥的角度来说，曾国藩并不是有用兵天赋的人。曾国藩自己也承认"行军本非余所长"，他还很清醒地把这一弱点归因于自己的性格："兵贵奇而余太平，兵贵诈而余太直。"确实，曾国藩用兵，很少有出奇制胜的战例，然而他却有自知之明，承认自己能力的局限，不敢骄，不敢怠，不高估自己的能力，不低估对手的智商，由此发展出了一套"扎硬寨、打死仗"的笨功夫，稳慎徐图，稳扎稳打，反而一步步地在与太平军的作战中占尽了上风。

曾国藩曾经给曾国荃写过这样一副对联:"打仗不慌不忙,先求稳妥,次求变化;办事无声无臭,既要精到,又要简捷。"这副对联,充分反映出曾国藩作战指挥的基本风格,就是用兵必须充分准备,不求速成,不打无把握之仗,宁拙勿巧,宁慎勿疏,宁慢勿速,宁稳勿奇。

他认为作战"宁可数月不开一仗,不可开仗而毫无安排计算"(哪怕几个月都不打一仗,也绝对不能打仗时,一点安排都没有,一点计算都没有);"宁失之慎,毋失之疏"(宁可因为谨慎而失去一些机会,也不能潦潦草草贸然出手);"惟当步步谨慎,谋定后进,不敢稍涉大意"(一定保证自己每一步都小心谨慎,谋定后动,而千万不要有任何的大意)。他还说,"一年不得一城,只要大局无碍,并不为过;一月而得数城,敌来转不能战,则不可为功"(一年内没有打下一座城池,但只要大局没有影响,就不算是过错;一个月打下了几座城池,对手一来进攻反而无法作战,这也不能叫有功)。

在进攻南京的过程中,曾国藩屡屡告诫曾国荃一定要稳慎徐图:"望弟不贪功之速成,但求事之稳适。专在'稳慎'二字上用心。务望老弟不求奇功,但求稳着。至嘱!至嘱!"要求他"谋定后战,不可轻视"。他认为如果军事进展太快,反而是指挥者必须高度警惕的时候:"军行太速,气太锐,其中必有不整不齐之处。"表面看来进展极快、士气极盛,但是其中往往潜伏着致命的短板缺陷。如果意识不到这些问题,下一步一定就是大败。

在曾国藩看来,用兵打仗属于"阴事",应当始终保持敬戒恐惧之心:"哀戚之意,如临亲丧;肃敬之心,如承大祭",这样才能取胜。他还用自己的经验说:"每介疑胜疑败之际,战兢恐惧,上下悚惧者，其后常得大胜；当志得意满之候，各路云集，狃于屡胜，将卒矜慢，其后常有意外之失。"为将者必须始终保持一种如临深渊、如履薄冰的紧张与清醒，虽胜不骄、愈胜愈慎。这样才能始终避免"大胜变成大挫"。

曾国藩非常欣赏湘军的一员名将，叫李续宾。他认为李续宾善于打仗，秘诀就是"不轻进，不轻退"：不会轻易地发动进攻，但也不会轻易地退出战场。要么不进攻敌人，一进攻就会得手；要么不占领阵地，一占领就不会轻易失去。

在行军过程中，湘军最重视的则是扎营。曾国藩规定，湘军每到一处安营，"无论风雨寒暑，队伍一到，立刻修挖墙濠"，要求一个时辰完成。完成之前，绝对不许休息，也不许向太平军挑战。首先是挖沟，沟深一丈五尺，越深越好，上宽下窄。挖完沟后开始垒墙，墙高八尺、厚一丈。然后再在最外面的一道壕沟之外，树上五尺的花篱木，埋在土中二尺，作为障碍。墙一道即可，沟需要两道或三道，而花篱则要五层六层。为什么要下如此的笨功夫来修工事？用曾国藩的话说："虽仅一宿，亦须为坚不可拔之计。但使能守我营垒安如泰山，纵不能进攻，亦无损于大局。"这就是湘军所谓的"扎硬寨，打死仗"。

湘军这种扎营的笨功夫，实际上最早是跟对手太平军学的。但是后来太平军筑垒掘濠，一天比一天潦草，而湘军修垒浚濠，则一天比一天扎实。曾国藩发现这一现象以后非常高兴，认为从这一件事情上，就可以看出双方的力量消长：太平天国大势已去，而湘军的胜利指日可待了。

组织文化：还我真面，复我固有

曾国藩的领导力，并非完全没有权谋的因素。身为一个官员，他也必须跟现实妥协，必须内方外圆，但其待人处事的根本原则，却是以坦诚为本，从而在湘军内部形成了以诚相待、相互信任的组织文化。

李瀚章曾经对曾国藩有这样一句评价："推诚布公，不假权术，故人乐为之用。"曾国藩也说过："驭将之道，最贵推诚，不贵权术。"他认为，诚心诚意地对待别人，渐渐地就能使他人为我所用。即使不能让他们全心全意地为我效力，也必然不会有先亲近而后疏远的弊端。光用智谋和权术去笼络别人，即使是驾驭自己的同乡也是无法长久的。

领导者玩弄权术会带来一个严重的问题：一旦领导对下属使用权术，下属便不知道你的真实想法是什么，也就不敢跟你说实话，于是上上下下就会开始猜忌。而一个组织一旦陷入猜忌之中，这个组织也就要出问题了。曾国藩说："祸机之发，莫烈于猜忌，此古今之通病。败国、亡家、丧身，皆猜忌之所致。"

在曾国藩看来，既然这样，还不如一开始就与下属坦诚相待，一片真心。他对曾国荃说：

> 吾自信亦笃实人，只为阅历世途，饱更事变，略参些机权作用，把自家学坏了。实则作用万不如人，徒惹人笑，教人怀憾，何益之有？近日忧居猛省，一味向平实处用心，将自家笃实的本质，还我真面，复我固有。贤弟此刻在外，亦急需将笃实复还，

万不可走入机巧一路,日趋日下也。纵人以机巧来,我仍以含混应之,以诚愚应之。久之,则人之意也消。若钩心斗角,相迎相距,则报复无已时耳。

这段话的意思是,我自认为也是笃实之人,只是因为看惯世道人心,饱更各种事变,稍稍加了些权谋的手段,把自己学坏了。其实效果根本就不尽如人意,白白惹人笑话,令人遗憾而已,有什么用呢?近来丁忧在家,突然明白了过来,一心一意向平实之处用心,把自己笃实的本质,还原为本来的面目,恢复我固有的品德。老弟你现在在外带兵,也迫切需要将笃实的面目恢复过来,千万不要走入机巧这一路去,导致自己日趋日下。即使他人带着试探猜测的心计而来,我仍以浑含混沌来对付,以朴诚愚拙来对付。时间一长,人家的试探猜测自然也就消除了。如果钩心斗角,你来我往,那么报复起来,就没有穷尽的时候了。

在曾国藩看来,至诚以待,本身也是领导者修养的需要。他说:"豪杰之所以为豪杰,圣贤之所以为圣贤,便是此等处磊落过人。能透过此一关,寸心便异常安乐,省得多少纠葛,省得多少遮掩装饰丑态。"胡林翼对曾国藩的这一点非常佩服,他说,"吾于当世贤者,可谓倾心以事矣,而人终乐从曾公。其至诚出于天性,感人深故也"(我对于当世的人才,也可以说是恨不得掏出自己的心来给人看,唯恐有做得不周到的地方。但是人家最终还是乐于追随曾公。这是因为他的至诚出于天性,所以具有一种打动人心的力量啊)。

如果用一句话来概括曾国藩的领导力,那就是他所说的"惟天下之至诚,能胜天下之至伪;惟天下之至拙,能胜天下之至巧"。管理的最高境界，是打造一种坦诚的组织文化。如果说"至伪""至巧"是一种小聪明，那么"至诚""至拙"就是一种大智慧。从"至伪""至巧"到"至诚""至拙"，需要组织文化的极大突破，需要一个脱胎换骨的过程。许多组织是没有办法完成这一步的，这就是组织无法卓越的根本原因。而这种突破，一定是从领导者放下心机、放下面具、推心置腹地待人开始的。所以曾国藩说，"真心实肠，是第一义。凡正话实话，多说几句，久之人自能共亮其心"（真心实意，坦诚相待，是领导力的第一条原则。凡是正话实话，多说几句，时间长了，人家自然能体会到你的苦心）。"人以伪来，我以诚往，久之则伪者亦共趋于诚矣"（别人戴着面具来，我还以诚心诚意，时间长了，戴着面具的人也会慢慢地向诚心诚意的方向发展了）。其实谁愿意戴着面具呢？谁不愿意有一种坦荡、痛快、相互信任的环境呢？就看领导者能不能创造出这样一种文化来。"诚至则情可渐通，气平则言可渐入"（只要你诚心诚意，人和人之间情感的隔阂，是可以渐渐打通的。只要你心平气和，你所说的话，别人是可以慢慢地听进去的）。

在曾国藩的身体力行和激励之下，湘军确实形成了一种坦诚相待、相互信任、相互支持的团队文化。用曾国藩的话说，就是"呼吸相顾，痛痒相关，赴火同行，蹈汤同往，胜则举杯酒以让功，败则出死力以相救"，就是"齐心相顾，不曾轻弃伴侣。有争愤于公庭，而言欢于私室；有交哄于平昔，而救助于疆场。虽平日积怨深仇，临阵仍彼此照顾；虽上午口角相商，下午仍彼此救援"。这就是所谓的"湘军精神"，也是湘军凝聚力和战斗力的来源。

两位美国学者詹姆斯·库泽斯和巴里·波斯纳曾经在世界范

围内做过多次名为"受人尊敬的领导者的品质"的调查,每次都有80%以上的人选择了"真诚",在所有的调查中"真诚"也都占据第一名的位置。在管理中,坦诚是一种大德,权谋则只能是小技。曾国藩能够最终成就"中兴名臣之首"的地位,他打造出的坦诚和信任的湘军文化,是关键的因素之一。

心性:成败听之于天,毁誉听之于人

曾国藩领导力的基本原则,其实就是传统的儒者理念。儒者的追求,用宋代理学家张载的话说,就是"为天地立心,为生民立命,为往圣继绝学,为万世开太平"。这一理念早就在那里了,然而一般的儒生却只是想、只是说,而不敢做、不去做、不能做。曾国藩与一般儒生不一样的是,他坚信"天下事在局外呐喊议论,总是无益,必须躬自入局,挺膺负责,乃有成事之可冀",因而他以"忠诚为天下倡"的信念,以"拙""诚"的"力行"的功夫,以"知一句便行一句"的精神,把儒家的理念转化为强有力的行动。

然而任何一种理念的践行,都不可能是靠单纯的决心即可成功的,在理念的践行过程中一定会遇到很多的挫折与障碍,这就需要践行者必须有一种百折不挠、愈挫愈奋的意志。而曾国藩正是以"成败听之于天,毁誉听之于人"的倔强,以"千磨百折而不改其常度,终有顺理成章之一日"的信念,将自己的追求最终变成了现实。

曾国藩的一生,可以说是充满了挫折与逆境,但他的过人之处,就在于他以"男儿自立,必须有倔强之气"的意志力坚持到了最后。他在回顾自己的一生时,说过这样一段话:

> 李申夫曾尝谓余恨气从不说出，一味忍耐，徐图自强，因引谚曰："好汉打脱牙，和血吞。"此二语是余咬牙立志之诀。余庚戌辛亥间为京师权贵所唾骂，癸丑甲寅为长沙所唾骂，乙卯丙辰为江西所唾骂，以及岳州之败、靖港之败、湖口之败，盖打脱牙之时多矣，无一次不和血吞之。

人性本就是有弱点的，包括软弱、自私、懒惰、动摇等。正是这些东西阻碍了人们积极进取，阻碍了人们获得最终的成就。曾国藩认为，要战胜人性的弱点，关键是要把毁誉得失放在一边："于毁誉祸福置之度外，此是根本第一层功夫。此处有定力，到处皆坦途矣。"他相信只要坚持自己的信仰与追求并执着地走下去，最终一定会成功的："天下事果能坚忍不懈，总可有志竟成""天下事只在人力作为，到山穷水尽之时自有路走""凡事皆有极困极难之时，打得通的，便是好汉。"

对于自己的倔强，曾国藩十分自负。他有一次说自己要写一部书教人，叫做《挺经》。人生一世，就是要挺直了，不能趴下，不能轻易服输。还有一次，当他的心腹幕僚赵烈文说起李鸿章来，说他"事机不顺，未必能如师宏忍"的时候，曾国藩立即非常得意地说，"吾谥法文韧公，此邵位西之言，足下知之乎"（我死了以后，应当谥为文韧公，这是邵位西说的，足下知道吗）。可见曾国藩最自得的，就是自己心性的坚忍不拔。

结束语：而困而知，而勉而行

稻盛和夫在解释是什么造就了平凡人的非凡时也说："是那一股

能默默专注在同一件事而不感到厌烦的力量，也就是拼命去过每一个今天的力量，以及一天天去累积的持续力。换句话说，把平凡化为非凡的是'持续'。"他还说："要在人生这个大舞台上演一出精彩的戏，得到丰硕的成果，所需的能力不是单靠脑细胞的多寡来定高下。要看的是，能不能在任何情况下，都可以凭着一股傻劲认真去做，而遭遇困难时也能不闪不躲与其正面交锋？这可以说是成功的不二法门，也是我们必须时时刻刻牢记在心的原理、原则。"

梁启超在评价曾国藩时也有一段非常精辟的话：

> 文正固非有超群绝伦之天才，在并时诸贤杰中，称最钝拙。其所遭值事会，亦终身在拂逆之中。然乃立德、立功、立言，三并不朽，所成就震古铄今，而莫与京者。其一生得力，在立志自拔于流俗。而困而知，而勉而行，历百千艰阻而不挫屈，不求近效，铢积寸累。受之以虚，将之以勤，植之以刚，贞之以恒，帅之以诚，勇猛精进，坚苦卓绝，如斯而已，如斯而已！

这段话的意思是，曾国藩并没有超群绝伦的才华。在当时的著名人物中，他被认为是最迟钝愚拙的一位。他的一生，也一直在逆境之中，然而他立德、立功、立言，达到了古人所说的三不朽的境界，他的成就震古铄今，没有一个人能跟他相比，这是什么原因呢？他一生得力的地方，在于立志自拔于流俗，而困而知，而勉而行，历尽百千险阻而不屈服；他不求近效，铢积寸累，受之以虚，将之以勤，植之以刚，贞之以恒，帅之以诚，勇猛精进，坚苦卓绝，如此而已！如此而已！

的确,曾国藩的成功,靠的并不是投机取巧。他靠的是对理念和信仰的坚守,靠的是"惟天下之至诚,能胜天下之至伪;惟天下之至拙,能胜天下之至巧"的信心,靠的是"知一句便行一句"的力行。曾国藩说:"天下事,未有不由艰苦得来,而可大可久者也"。取巧只是小聪明,只会得益于一时;拙诚才是大智慧,方可奠基于长远。曾国藩的"不求近效,铢积寸累""而困而知,而勉而行",正是所有那些能够成就伟大事业的领导者的基本品格。

大清模范官员吴文镕之死[1]

一

吴文镕这个名字,不是专门读晚清史的,恐怕很少有人知道。其实吴文镕在历史上名气很大。在道光、咸丰年间他跟林则徐"并天下望",在鸦片战争期间他与民族英雄邓廷桢一起在福建前线抗击英军。他跟湘军的渊源也很深,不仅是曾国藩的恩师和靠山,还是胡林翼和江忠源的提携者。曾国藩初练湘军的时候,就是奉吴文镕为主帅的。

而且,不管从哪个方面来说,吴文镕都称得上是大清王朝的模范官员。

他性格耿直,坦坦荡荡,同事或下属有错误往往当面指出,不避人怨,同僚、下属都很敬服他。他为官清廉,家风俭朴,当了十多年的巡抚、总督,家中却没有什么值钱的东西,夏天穿的单衫甚至还打着补丁。

他精明干练,历任福建巡抚、浙江巡抚、江西巡抚和云贵总督,所到之处清除积弊、平定匪乱、赈灾救急、整顿吏治,政绩非

---

[1] 本文刊于"腾讯·大家"2016年2月21日。

常突出。他勇于任事，不避艰危，浙江海塘决口，他亲临一线勘察灾情，差一点因落水而死。他还富有战略眼光，太平军还在广西的时候，他就已经指出："永安贼不灭，若窜湖南，不可制矣！"后来形势的发展果然如其所料。

更可贵的是，他不喜官场应酬，寡交游，无玩好，平生所好就是买书读书。他以清操自励，不揣摩上意，给皇帝的汇报从来都是实事求是，"据实以陈"。他勇于担当，不邀功，不掩过，两次因为辖区发生灾情而自请处分。他爱贤若渴，一旦发现贤能的人才便欣喜若狂。江忠源做浙江秀水知县时母亲去世无钱归葬，吴文镕说："贤如江令，可令其无以归葬乎？"便从自己的养廉银中拿出五百两送给了江忠源。

这是一位有操守、有能力的好官，道光和咸丰皇帝都非常器重他。道光年间吴文镕已经做到了侍郎、巡抚，咸丰皇帝即位后，吴文镕又是第一位由巡抚升为总督的官员。太平军发动西征时，咸丰皇帝专门把时任云贵总督的吴文镕调任为湖广总督，希望借助他的才能，坐镇两湖这块战略要地，稳住大局。

然而没有想到的是，这位"上契圣心，下孚众望"、几乎无可挑剔的模范官员，最终还是死在了官场倾轧上。

二

吴文镕出任湖广总督，可以说是受命于危难之时。咸丰三年，也就是1853年，占领了南京的太平军溯江而上，发动了大规模的西征，很短的时间内便占领安庆、九江，两湖地区为之震动。吴文镕正是在这种背景下接到了调任湖广总督的上谕。

咸丰三年九月十五日，吴文镕抵达武昌上任。刚一下车，他就得到了清军两天之前在田家镇大败的消息。田家镇号称楚江锁钥，田家镇一丢，意味着湖北门户洞开。西征的太平军因此连下蕲州、黄州、汉阳，兵锋直逼武昌城下。武昌宣布戒严，"城昼闭，居民一夕数惊"。

能否稳定局势，就成了新任总督吴文镕所面临的最大考验。然而没有想到的是，围绕应否坚守武昌的问题，吴文镕与时任湖北巡抚的崇纶很快就出现了巨大的分歧。

武昌的战略地位极为重要，武昌若丢，大局就会随之糜烂。而武昌城墙高大，利于防守，在当时的装备条件下，太平军一时是无法攻下武昌的。所以对于吴文镕来说，在敌众我寡的情况下闭城坚守、以待外援，是他确保武昌不失进而扭转局势的唯一选择。

而巡抚崇纶这时却已经被太平军的攻势吓破了胆，认为武昌"民空市绝，饷乏兵单"，势难坚守，因而提出扎营城外的方案，实际上是为了逃避丢失城池的罪责，准备随时弃城而不顾。

双方意见不合，并因此发生了激烈的争执。崇纶的职位毕竟低于吴文镕，最后不得不暂时让步，接受吴文镕的方案。但心胸狭隘的他从此便对吴文镕忌恨在心，并开始寻找各种机会进行倾陷牵掣。

在吴文镕的努力下，武昌在非常艰难的情况下苦守了数十天。太平军因为久攻不下，被迫暂时东撤黄州，武昌终于解围。吴文镕虽然松了一口气，但他知道太平军不会善罢甘休，一定会卷土重来，而当时清军的水师还没有练成，没有办法对太平军发动大规模的攻势。所以一方面，吴文镕奏调胡林翼率领黔勇从贵州赶到湖北增援；另一方面，曾国藩也正在衡阳编练水师，一旦曾国藩的湘军水师练成，胡林翼的黔勇赶到，敌我双方的实力对比发生变化，即可水陆齐发，合全楚之力，沿江发动反攻。而在此之前，清军应该以防守武昌、防止太平军反扑为重点。

应该说这是一个非常积极稳妥而有远见的战略，如果能够实施，形势好转指日可待。然而咸丰皇帝却急于收复失地，得知太平军已撤到黄州后，以为武昌已经安全，要求吴文镕立即率兵进剿黄州。吴文镕极力向咸丰解释，在水师未备时轻言进剿，只能是损兵折将，目前仍应以防守省城为要。一直在寻找机会报复的崇纶，却乘机给咸丰上奏，弹劾吴文镕，说武昌现在的兵勇已经足够防御，而且还可以余出数千名兵勇，吴文镕却"终日闭城坐守，一筹莫展。兵勇各告奋勇，情愿自去杀贼，亦不准往，不知是何居心，是何肺腑！"咸丰皇帝听信崇纶的报告，严旨斥责吴文镕"一味株守，不图前进，竟置大局于不问，是诚何心！"吴文镕明知出剿的形势还不成熟，但崇纶屡次参奏，朝廷再三逼迫，此时的他已经没有别的选择。他愤愤地对人说："吾受国恩厚，岂惜死？以将卒宜选练，且冀黔、湘军至，收夹击之效。今不及待矣！"随即率兵出征。

而此时的崇纶，仍然不依不饶，反而故意掣肘，利用负责后勤供应的权力，只拨给出征的吴文镕 50 只小炮船，根本不敷使用。在吴文镕出征后，崇纶又先后两次弹劾吴文镕，说吴"任性偏执，不听人言，而于军旅事务并不细心推求，一味拘泥自是，畏愞推延"，还故意不按时给吴文镕的军队提供饷械，"惟促速战"。吴文镕的军队日日与太平军战于大雪泥淖之中，最终因为兵单力寡，后援不继，在堵城之战中溃败，他本人也投塘而死。这一天，是咸丰四年的正月十五，元宵佳节。

管理的历史维度

吴文镕兵败身亡，崇纶却依然不放过他。在明明知道吴文镕已经自杀的情况下，崇纶却在给朝廷的报告中称他"不知下落"，暗指他是临阵脱逃，以此来诋毁他的名节。直到后来的署理湖广总督台涌据实以报，朝廷才得知吴文镕是因战败自杀而死。

三

吴文镕兵败之后，崇纶知道太平军下一步的行动一定是大举进攻武昌。为了事先推卸丢失城池的责任，崇纶故伎重演，给皇帝写折子"自请出剿"，其实是"谋脱身走避"，离开武昌这座危城。咸丰皇帝此时已经觉察到崇纶的用心，强令他留在湖北协防，不准他出城。崇纶绞尽脑汁，再以自己病重为由，乞求咸丰将自己所任之职全部免去。咸丰终于无法忍受，盛怒之下，下令褫去了崇纶的所有职务。

咸丰四年六月，也就是吴文镕自杀之后的五个月后，太平军攻克了武昌城。而崇纶就在城破的前一天，逃出了武昌，然后一口气逃到了陕西。逃跑路上，崇纶在给朝廷的报告中竟然又"倒填日月"，以"讳其城破逃生之罪"。种种不堪，已经到了令人瞠目结舌的地步。

咸丰四年九月，曾国藩率领湘军收复了武昌，随即上疏弹劾崇纶，以为吴文镕洗冤。折子里说：

（吴文镕）以屡溃杂收之兵勇，新募未习之小划，半月不给之饷项，仓皇赴敌。又居者与出者不和，事事掣肘，遂使堵城之役全军溃败，湖北府县相继沦陷，未始非崇纶参劾、倾陷有以致之也。尤可异者，当参劾之后，吴文镕毅然出征，崇纶复率僚属力阻其行。我皇上曾严饬白相矛盾。迨堵城既败，吴文镕殉难，阖省军民人人皆知，而崇纶以不知下落入奏，不惟排挤于生前，更复中伤于死后。正月十九日，崇纶遣守备熊正喜至衡州一带，催臣赴鄂救援，伪造吴文镕之咨文，借用布政司之印信，咨内但称黄州贼势猖獗，并不言堵城已败，督臣已死。种种诈伪，故作疑似之词，无非谓吴文镕未能殉难，讦人大节，始终妒害，诚不知其是何肺肠！

折子并说崇纶"劾人则虽死而犹诬之，处己则苟活而故讳之，岂非无耻之尤者哉！"咸丰帝在得知真相后，大骂崇纶"偷生避难，实属辜恩昧良"，下诏逮崇纶治罪。崇纶自知此劫难逃，为了避免交刑部讯办的下场，服毒自杀，总算换来了个"以病故奏闻"。

吴文镕死后，朝廷赐以"文节"的谥号。按照谥法，"好廉自克曰节；不侈情欲曰节；巧而好度曰节；能固所守曰节；谨行节度曰节；躬俭中礼曰节；直道不挠曰节；临义不夺曰节；艰危莫夺曰节"。吴文镕的一生，确实配得上"文节"这个谥号。只是大清王朝对于这个难得的模范官员，除了倍极哀荣外，却已经是人死再也不能复生了。

四

在中国历代官场上，吴文镕式的悲剧其实并不少见。同那些类似的故事一样，此类悲剧的发生，至少包含了这样几个不可或缺的剧情。

第一,小人构陷倾轧。崇纶就是官场悲剧中那个必备的角色:小人。而且他具备了官场小人身上所有的要素。张集馨曾经跟崇纶做过同僚,他这样评价崇纶:"公事茫然不知,例案亦不能解",然而"为人工于结纳""上司亦喜其逢迎",所以屡得美差,飞黄腾达。其实崇纶这样的人,在官场之中并不少见。这种人往往工于为官之术,善于结党营私,因而虽然无德无能,却可以在官场上如鱼得水。这样的人往往又心胸狭隘,嫉贤妒能,偶怀私怨便睚眦必报,甚至以害人为快。在吴文镕之前,署理湖广总督的是张亮基。张亮基刚刚上任,崇纶便对他严词参劾,迫使他很快就被调离湖北。吴文镕接任湖广总督后,崇纶又对他极尽倾轧之能事。吴文镕死后,青麟帮办军务,崇纶又对他百般刁难,最终使青麟在武昌城破后含恨自尽而亡。在这种人身上,人性的阴暗面往往会淋漓尽致地表现出来。

第二,君主偏听轻信。官场悲剧,除了有小人,往往还要有昏君。咸丰此人,虽然不能说平庸,但"明君"二字却是谈不上的。从其执政的历史来看,他虽然极力想有所成就,也勤于政事,但格局和眼光有限,尤其是对大势大局和大是大非缺乏辨别能力,所以很难有大的成就。偏偏咸丰又自以为是,还急于想把太平天国镇压下去,这就很容易被人利用。在当时的情况下,吴文镕提出的待湘军水师练成再展开反攻,是最可行的方案,咸丰却不能理解吴文镕的老成谋国,反而一味催促吴文镕进军黄州。而崇纶正是利用了咸丰的这种心理和弱点,投其所好,攻击吴文镕株守城池,畏葸不前。咸丰本来就成见在心,因此更加相信自己的判断,不断对吴文镕放出狠话。吴文镕无奈之下只好知其不可而为之。吴文镕之死,咸丰作为君主，可以说要负相当大的责任。

第三，君子性格刚直。悲剧的完成一定需要一个悲剧性的主角，那就是吴文镕。吴文镕骨子里是一个读书人，把名节看得很重。他之所以赢得曾国藩、胡林翼、江忠源这些人物的敬重与追随，原因即在于此，然而他最后走上兵败身亡之路，恰恰也在于此。吴文镕决定率兵出城时，曾国藩曾极力写信劝阻，说"虽有严旨切责，吾师尚当剀切痛陈，备言进剿之不能得力，徒挫声威""即以此获咎，而于吾师忠直之素，谋事之臧，固亦可坦然共白于天下"。官场之上，必须能屈能伸，能忍受委曲和侮辱，而不能赌气于一时。然而吴文镕性格过于刚直，他在给曾国藩的回信中说："吾意坚守待君东下，自是正办。今为人所逼，以一死报国，无复他望。"太刚易折，吴文镕的结局，从某种意义上说，也是其性格所决定的。孙子曾经警告后人说："将有五危：必死，可杀也；必生，可虏也；忿速，可侮也；廉洁，可辱也；爱民，可烦也。"确实，再优秀的性格，发展到极致，也是会走向它的反面的。

五

不过，以上这些还都不是根本的因素。吴文镕的悲剧，还有更深层次的原因，那就是制度。

官方所修的史书《清史稿》在分析吴文镕之死时有这样一段评论："国家于岩疆要地，督抚同驻，岂非以资钤制，备不虞哉！然推诿牵掣，因之而生；甚且倾轧成衅，贻祸封疆。楚、滇覆辙，盖其昭著者也。"

这确实是一针见血的分析。确实，吴文镕之死，与清朝的督抚

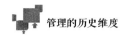

制度有密切的关系。清朝总督、巡抚都是封疆大吏，但职责划分并不十分明确。总体来说，总督偏军事，巡抚偏民政，但总督也可以管民政，巡抚也可以管军事。朝廷的这一设计是为了让总督、巡抚相互牵制，谁都无法造反，但由此就造成一个问题，就是总督、巡抚很容易发生矛盾。尤其是湖广总督和湖北巡抚是同城为官，更容易产生冲突。这是吴文镕悲剧发生的重要制度背景。

其实，中国历代王朝的制度设计，从根本上来说是围绕两个考虑而展开的。一是治理的效率，二是权力的安全。因为需要治理的效率，所以一定需要用吴文镕这样的能吏去解决问题，这也是吴文镕颇受朝廷重用的原因。但对于把天下视为一家一姓所私有的专制君主来说，权力的安全才是第一位的考虑，因而制度的设计一定是以保证权力的安全为基本出发点的。中国历代政治制度的演进过程，就是对下属的防范机制不断强化的过程，清朝"督抚同驻"的制度，目的就是使地方无法对朝廷形成挑战性的力量，从而保证君主垄断性权力的绝对安全，即所谓的"江山永固"。

当权力的安全成为制度设计核心的时候，专制君主固然不会希望臣子之间因为过于恶性争斗而影响了治理的效率，但更不能接受的，是臣子之间的关系过于密切而导致对臣子的防范机制失效。臣子之间的相互牵制甚至一定程度的相互倾轧，才是最符合专制君主利益的。在效率与安全之间，为了权力的安全，君主宁可牺牲治理的效率。

专制君主对臣子的防范猜忌，正好给了一些心术不正的人曲意逢迎以骗取信任、罗织构陷以排斥贤能的最好机会，由此也就有了崇纶对吴文镕的弹劾、攻讦甚至蓄意相诬。从这个意义上说，是专制君主的防范猜忌鼓励了崇纶之流的行为,小人其实是专制君主的工具,专制君主是需要小人存在的,专制社会是小人群体滋生与蔓延的最好土壤。只要专制制度不变,吴文镕式的悲剧就注定会不断重演。

曾国藩与中国人的历史信仰 [1]

《看历史》：为什么说历史是中国人的信仰？

宫玉振：有人把西方文化称为先知文化，把中国文化称为史官文化。先知文化强调的是宗教的地位，史官文化体现的是历史的关怀。六经皆史，历史对中国整个文化的孕育起到关键的作用。与西方相比，古代中国人很现实又很理性，中国人关注的不是人和天的关系，而是现实的世界。孔子不是讲"敬鬼神而远之"吗？庄子不是讲"六合之外存而不论"吗？西方人重视在宗教意义上超越自我，而中国人则更重视在历史的延续中超越自我。中国人讲慎终归远，这与中国人的家族意识强有直接的关系。中国人在历史中找到了生命的延续及意义。在中国，家有家谱，国有国史。家谱是一姓之史，国史是一国之史，传记是一人之史。历史提供了中国人的精神家园，承载了中国人的人文关怀，体现了中国人的责任和使命。所谓的"通古今之变，成一家之言""为往圣继绝学，为万世开太平"，都是这样一种情怀。中国人可能不相信末日的审判，但在意历史的审判，正所谓春秋褒贬、青史留名。即使是如汉武帝、唐太宗这样的帝王，也都非常在意自己在史家笔下的形象。"历史是中国人的信

---

[1] 本文为《看历史》主编赵婕女士对作者的专访，刊于《看历史》2013年第5期。感谢著名出版人方希女士、李阳、刘杨、刘伟、叶琪亦有贡献。

仰"就是这个道理。

《看历史》：被多次重新解读的历史人物会被脸谱化（社会印象），比如曾国藩就有很多脸谱，您是怎么看的？

宫玉振：章太炎曾说："曾国藩者，誉之则为圣相，谳之则为元凶。"鸦片战争以来，中国近代政局陷入不断的动荡之中，这就使得对曾国藩的评价也在不断地反复。曾国藩镇压了太平天国起义，挽救了大清王朝的命运，所以同光年间的朝廷官员和地主知识分子都把他推崇为"中兴名臣之首"。到了清末，革命党人要起来推翻满清政府，要"驱除鞑虏，恢复中华"，这时大家发现太平天国起义是一场以汉人为主体的起义，曾国藩是帮助清政府镇压了汉人的起义，所以曾国藩就被打成了"汉奸"。再往后，共产党领导农民闹革命，即所谓的"土地革命"，所以我们的历史观就很清晰了：历史上凡是农民起义都是好的，凡是镇压农民起义都是坏的。曾国藩把历史上最大的一次农民起义给镇压了，这个罪行显然就是最大的，因此他就被视为地主阶级最残酷、最凶恶的代表人物和刽子手，被彻底否定了。这也就是我们大家熟悉的教科书中的曾国藩的形象。以上这些，其实都是从各自的政治立场的角度来描绘的，必然带有局限性、片面性。

改革开放以后，思想开始解放，包括对一些历史人物的评价也慢慢地越来越全面、客观。这时人们发现，曾国藩这个人在中国历史上的角色是非常复杂的，不是简单地贴一个"某某阶级"的标签就可以把他否定的。从文化的角度来说，他身上体现的是中国传统文化中最精华的东西，他是中国传统文化的最后一个偶像。从军

管理的历史维度

事的角度来说,他开创了中国军事近代化的先河。从经济的角度来说,他是洋务运动的发起人之一,从实践上揭开了近代经济变革的大幕,他提出的"师夷之智以制夷"具有相当的开放性与进步性。从家庭教育的角度、从为人处世的角度、从道德修养的角度,曾国藩更是可以给浮躁的当代中国人以深刻的启迪。

我们现在离曾国藩的时代已经比较远了,可以心平气和地看待他了。毛泽东年轻的时候曾说:"余于近人,独服曾文正。"他还说,中国历史上有两种人,一种是办事之人,另一种是传教之人,曾国藩是办事兼传教之人。毛泽东认为中国历史上只有两个人可以达到这样的境界,一个是曾国藩,另一个是北宋时期的范仲淹。这个评价是很高的。在这里,毛泽东显然是把曾国藩当成一位成功的领导者来看的。我想这是今天解读曾国藩的一个非常重要的视角。从这个视角解读曾国藩,我们应该会有更多的收获。当然,现在社会上有一种现象很值得注意,那就是把曾国藩当成了官场权谋的代名词,在我看来,这是对曾国藩的另一种脸谱化,是对曾国藩形象新的扭曲,是不严肃的。

《看历史》:现在社会上非常流行《曾国藩家书》,很多人正是通过这本书认识了曾国藩,也有很多人从这个方面对曾国藩进行了解读。请问您是如何解读《曾国藩家书》的?

宫玉振:对曾国藩,人们是带着不同的需求去解读的。每个人都有自己的需求,因此每个人心中都有一个曾国藩的形象,这就是读历史的特点,各取所需。

人们之所以对《曾国藩家书》非常感兴趣,一个重要的原因是,从子女教育方面来讲，曾国藩确实是很成功的。曾家后代基本上都遵奉曾国藩的一个家训，就是"凡人多望子孙为大官，余不愿为大官，但愿为读书明理之君子"，以读书作为自己的追求。曾国藩的长子曾纪泽因为承袭了他的爵位，所以是做官的，而且非常有作为。他的次子曾纪鸿是一个数学家，没有从政。到了第三代，基本上就不做官了。曾家从曾国藩到现在已经传到了第六代，曾氏的后代现在很多在海外，基本上都在教育、医疗、科技这些领域。在曾氏的后代里，院士、工程师、教授这样级别的人物有240多个，而且直到现在依然遵奉他的家训而不悖。这样的家庭教育，不是一般人能够做到的。

一个家庭的兴衰到底靠什么？他讲得很清楚。不是靠你做多大的官，不是靠你发多大的财，而是在于家风的建设、家族伦理的建设。曾国藩曾经说，"大约兴家之道，不外乎内外勤俭、兄弟和睦、子弟谦谨等事，败家则恰恰与此相反"（家庭中内外勤快节俭、兄弟之间和睦相处，子弟谦虚谨慎，这样的家族一定会兴旺的；反过来，则一定会败家）。所以道理其实非常简单朴实。曾国藩也总结出很多很容易记住的东西，比如他的齐家"八本"等。这些东西确实很值得我们今天去思考。

中国人骨子里是有一种传宗接代、家运绵延的使命感的。一个人的生命总是有限的，但中国人生命的意义在家庭的血脉延续中得到了超越。这是中国人的心理特点。曾国藩的家训是家族最大的精神财富。我们很多人关注的家族传承，往往是物质层面的财富传承，但真正可大可久的是精神层面的财富传承。物质总会消亡，但精神的东西是可以世代相传、影响无限的。

《看历史》：看曾国藩的家书，感觉他是个严父，也是个很好的兄长，他还有点像唐僧，唠唠叨叨什么都说，但他说得都很有道理，做得也都很好。不过我们都知道那句话，叫"知易行难"。那么曾国藩是怎样达到这种境界的呢？

宫玉振：其实从做人做事的角度来讲，曾国藩并没有提出全新的理念，他的家训无非就是儒家的一些经典的理念，比如要谦虚啊，要谨慎啊，要勤俭啊，不能奢侈啊，不能狂妄啊，等等。但他会不断地跟你讲，更主要的是他知一句便行一句。他自己是这样讲的，也是这样做的，而且也是因为这样做而成功的，本身就是一个榜样，因此他的话自然就有分量，自然容易为大家所接受。

曾国藩给家里写信，确实做到了苦口婆心，在他的理论中这叫"口到"。曾国藩有"五到"：身到、心到、眼到、手到、口到，其中"口到"就是要反复叮嘱，不断地叮嘱，他就是有这样一种与人为善的心态。所以家里人很容易接受他的教育。

另外，曾国藩家训中讲的道理，其实下起手来并不难。像要勤快，从早起做起就行了；要节俭，从家中的用度不能太大做起就行了。制定一些可以落地的规矩，家里的人共同来做，也就可以落实了。

而且，曾国藩把这种对家族的责任感传播到了每个人身上。他说，"凡家道所以可久者，不恃一时之官爵，而恃长远之家规，不恃一二人之骤发，而恃大众之维持"（一个家族的兴旺持久，不靠一时的官位，而靠长远的家规。不靠一两个人的暴发，而靠大家的维持）。他要求大家一起来维持这个家族的兴旺，最终每个人都意识到自己的行为对家族的影响有多大，大家要共同来做这件事情，家里人对家族有自豪感、有责任心,就会自觉地按照曾国藩的要求去做。这也就是为什么曾国藩去世这么多年了,曾家依然遵奉他的家训的原因。一种家训,只有变成家人共同的自觉行为,才会真正起作用。

《看历史》:我们在想到曾国藩时,往往会想到他官高爵显,是一代名臣,在战场上指挥若定,在官场上游刃有余,有人将它解释为一种"领导力",您对这种说法怎么看?

宫玉振:前面说过,有人把曾国藩当成官场权谋的代名词,其实是极大的误解。没有一个领导者可以仅仅依靠权谋就获得成功。依靠权谋,可以得意于一时,但不能成功于长远。

曾国藩的领导力的核心,不是权谋,而是理念,是他践行理念的"拙诚"的功夫。"拙"就是一步一步地去做,"诚"就是实心实意地去做。知一句便行一句。曾国藩有一个信念,就是"惟天下之至诚,能胜天下之至伪;惟天下之至拙,能胜天下之至巧"。这是理解他的领导力最核心的一句话。"伪"和"巧"只是小聪明,"诚"和"拙"才是大智慧。就是这个道理。

曾国藩的领导力,并非完全没有权谋的因素,作为一个官员,他也必须跟现实妥协,必须内方外圆。但其大体上,却是以卫道为激励之本,以纯朴为用人之本,以推诚为驭将之本,以耐烦为治心之本,以包容为处世之本,以大局为决策之本,以勤实为治事之本,以力行为修身之本。而他的领导力的核心,则是"忠义血性"的理念,是"舍身卫道"的使命感。

人做事其实有三层境界,第一层境界是职业,做事是职业的要求，是当兵吃粮，这样的人做事是不会真正投入的；第二层境界是事业，有了事业心人就会愿意奉献，就会愿意付出，愿意承受痛苦；第三层境界是理念、是信仰。信仰是不可妥协的、是不讲代价的，信仰能让人付出百分之百甚至百分之二百的精力，会让人为了信仰而燃烧自己。

曾国藩达到了第二层和第三层境界。他的信念、他的抱负、他的修养、他的品格、他的毅力、他的胸怀和他强烈的救世意识，以及他执着地将自己的理念付诸行动所形成的强大的感召力，就是他能够成就大业的关键因素。这些内容，远远不是"权谋"二字所能涵盖的。从曾国藩身上，我们可以感受到中国历史文化中的领导力的深沉厚重。

从曾国藩为官看中国式领导力[1]

曾国藩是中国历史上最有影响力的人物之一,集政治家、军事家、理论家、文学家于一身。在他的提议下,清王朝建造了中国第一艘轮船,开办了第一所兵工学堂,翻译出版了第一批西方书籍,安排了第一批赴美留学生。宫玉振教授的《大道至拙——曾国藩与中国式领导力》一书,将曾国藩的为人处世之道,归纳为"重、耐、浑、明、辣、慎、暇、裕、强、恕、勤、实"12个字,并围绕着这12个字展开论述,从领导力的角度深入剖析曾国藩的从政为官方略,总结中国传统政治文化的有益养分,以使今天的领导者能够"可戒可法"。

曾国藩的"拙诚"之道

《新金融观察》:关于曾国藩的领导艺术,国内已有不少著作,你认为《大道至拙——曾国藩与中国式领导力》的独特之处是什么?

宫玉振:曾国藩这个人大家都非常关注,所以关于他的著作也非常多。不过很多人把曾国藩看成是官场权谋的代名词。这应该是对曾国藩最大的误解。没有一个领导者单纯靠权谋就可以成就伟大

---

[1] 本文是《新金融观察》的李香玉主编对作者的专访,刊于《新金融观察》2013年5月6日。

的事业。伟大的领导力，一定是以清晰的理念为核心、以坚定的践行为关键的，一定是大中至正、可昭日月的。曾国藩的领导力就是如此。曾国藩的领导力中并非完全没有权谋的因素，但其核心，不是权谋，而是理念。

曾国藩是一名理学家。理学的理念，其实就是"为天地立心，为生民立命，为往圣继绝学，为万世开太平"。这一理念早就存在，一般的儒生却只是想、只是说，而不敢做、不去做。曾国藩与一般儒生不一样的是，他坚信"天下事在局外呐喊言论，总是无益，必须躬自入局，挺膺负责，乃有成事之可冀"，因而在"以忠诚为天下倡"的同时，以"知一句便行一句"的精神，把儒家的理念转化成了强有力的行动。他的信念、他的抱负、他的道德、他的品格、他的毅力、他的胸怀和他强烈的救世意识，以及他执着地将自己的理念付诸行动所形成的强大感召力，正是他领导力的核心。他曾经说过一句话："惟天下之至诚，能胜天下之至伪；惟天下之至拙，能胜天下之至巧。"这句话是他一生得力之处，也是他的"拙诚"之道。我的这本书之所以取名"大道至拙"，就是希望以此入手，正本清源，揭示出曾国藩真正的领导特质与成功的要素，并以此揭示曾国藩所代表的中国文化的基本精神，帮助今天的领导者体悟本土领导力的深沉厚重。

《新金融观察》：你是从什么时候开始研究曾国藩的？又是通过什么方式对他进行研究的？

宫玉振：我对曾国藩的关注从20世纪80年代就开始了。我本科和硕士都是学历史的，尤其硕士阶段的专业是晚清史，那时的重点是从历史的角度来研究曾国藩。硕士毕业后我进入军事科学院战略研究部，重点是从军事的角度解剖湘军和曾国藩。2004年我加入北京大学国际国家发展研究院，承担EMBA和MBA的教学工作，以及一些大型跨国企业与国有企业的内训工作，便开始着眼于从管理的角度来研究曾国藩。

以上的背景使我研究曾国藩的领导力采取的是复合方式：一是史学的功力，即从曾国藩的文献著述以及他的时代背景与生平事业入手来研究，这是最基本的功夫，离开了这一条，所有的结论就只能是肤浅的，缺乏厚重感的，没有底蕴的；二是管理的视角，也就是从管理学尤其是从当代领导力理论的角度，来分析曾国藩的领导行为与管理理念，揭示其背后的文化精神；三是现实的取向，不是为历史而研究历史，为人物而研究人物，而是从今天现实的管理实践中管理者所遇到的问题与困境出发，来研究曾国藩的领导力，希望能为今天的管理者提供具有启发性的思路。

《新金融观察》：你将曾国藩的为人处世之道提炼为"重、耐、浑、明、辣、慎、暇、裕、强、恕、勤、实"12个字。历史上评价曾国藩是千古完人。在你看来，今人在学习曾国藩的中国式领导力时，重点应该放在哪里？或者说在哪几个方面是差距较大的？

宫玉振：曾国藩总结出来的为人处世要诀不下百余字，我选取这12个字，是因为在我看来，这12个字跟我们今天的领导者的关系更为密切，今天的领导者读起来更为亲切有味，具有现实意义。

对于这12个字，每个人的体会肯定是不同的，有人可能对"重"的感受会更深一些，有人可能对"耐"更有共鸣，有人在"辣"上存在不足,有人在"实"上还待改进,凡此等等,原因就在于领导者都有自己的特点和个性,永远不会千人一面。因此不同的人学习的重点一定是不同的,如才思敏捷之人可以多体会一下"浑",作风强势之人可以多体会一下"恕"。

在我看来,时代毕竟不同了,人都是有缺陷的,我们很不可能也不需要做到曾国藩那样(其实曾国藩本人也不完美,他也以自己一生达不到圣贤的境界而自责),但我们可以通过这12个字,来更好地理解别人、更好地看清自己,从而更好地提升自己的修养与领导境界。

领导力的成长重在践行

《新金融观察》:如今,人们越来越意识到古典里有智慧。很多企业家都对历史和历史传记很感兴趣,想从历史中获取领导力。但是真正付诸实践的人恐怕不多吧?要想真正获取历史中的领导力,关键在于什么?

宫玉振:首先是"力行"。曾国藩特别强调"力行"的功夫,就是实力的践行。他说"知一句便行一句,此力行之事""天下事知得十分,不如行得七分",领导力的成长本身就是一种践行的功夫,光读书、光思考,而不践行,只能是眼高手低,空长一身指手画脚的本事而已。曾国藩说:"事后论人、局外论人,是学者大病。"所以要想从历史中获取领导力,关键还在于实力的践行。领导力不是学出来的,是行出来的,是在实践中历练出来的,这也就是陆游诗中所说的"纸上得来总觉浅,绝知此事要躬行"。

其次是"有恒"。领导力不像普通的技能一样,学习以后马上就能见效,它是一个修为的过程,是一个潜移默化的成长过程,需要的是十几年乃至几十年如一日的坚持。稻盛和夫曾说:"把平凡化为非凡是'持续'。"领导力的成长需要一个"磨炼心智、提升心性"的过程,曾国藩特别强调"有恒",就是出于这个原因。

《新金融观察》:领导力培训,存在于各个大学的商学院里,而且又包括众多的课程,学员在选择的过程中应该注意些什么?

宫玉振:这确实是一个值得注意的问题。现在领导力培训的市场需求很大,除商学院外,还有许多的培训机构在提供领导力的课程,由于背景不同、层次不同,课程良莠不齐。学员在选择的过程中,除了考虑文化的背景、理论的成就、工具的实用、案例的鲜活、讲师的经历这几个因素之外,还有一个因素非常重要,就是一定要注意把握好课程的针对性。领导力是分层级的,同一门领导力课程不可能适合所有层次的管理者,要根据自身和组织的发展阶段,来选择不同内容的领导力课程,否则再好的课程也不会产生预期的效果。以上这些都是选择课程时可以考虑的事项。

企业家是21世纪中国的中坚力量

《新金融观察》:你的授课对象主要是企业家吗?你对中国企业家大致的印象如何?从他们那里你有什么收获?

宫玉振:我近十年来的学员主要是企业家群体,也包括一部分跨国企业、大型国有企业和民营企业的职业经理人,以及部分政府官员,还有一部分到中国内地游学的中国港台地区以及欧美的企业家。总体来讲,中国企业家是中国当代社会最大的精英群体之一。

我所接触的企业家学员，大部分都有敏锐的商业头脑、强烈的学习意识以及高度的社会责任感。其实他们中的很多人在财富积累上已经数代都花费不完了，之所以还在积极地学习，还在很投入地工作，就是因为许多人更看重的是他们对员工、对社会、对国家的责任。他们的成就感和自豪感也正来源于此。如果说不足的话，就是许多企业家在国际视野和文化底蕴上还有一些欠缺。中国现代意义上的商业史毕竟只有三十多年，中国的企业开始大规模地走出去毕竟也只是最近的事情，出现这种现象也是正常的。相信随着中国经济的发展，中国企业家会越来越成熟。

我本人并没有企业管理的直接经验，但我从他们身上得到了管理的间接经验。他们每个人身上都有鲜活的故事，在他们身上我明白了什么是真实世界的管理学。而他们的彷徨、他们的矛盾、他们的局限，也引发了我很多的思考。从这个意义上讲，我从他们身上学到的，比我能教给他们的要多出许多。

《新金融观察》：20世纪，中国企业家的命运一波三折。有观点称："21世纪将是中国产生真正的职业企业家的时代。"你怎样看21世纪中国企业家的历史地位与历史使命？

宫玉振：当代中国企业家代表的是中国商业文明、经济文明乃至于整个社会文明的未来走向。对中国人来说，21世纪最伟大的事件就是中华文明的复兴，就是中华民族的崛起。国家的崛起首先需要企业的崛起，而企业的崛起首先需要优秀的企业家群体的崛起。从这个意义上说，21世纪的中国企业家注定会成为中国发展的中坚力量。

中国大智慧将促进全球新领导力建构

《新金融观察》：目前，在全球经济治理中，领导力不足的问题凸显。哈佛商学院院长杰伊·莱特表示，国际金融危机产生的根本原因，以及当前经济发展的困境，很大程度上就是领导力全方位的失灵。对此，你怎么看？

宫玉振：我基本同意这种看法。我们确实需要从领导力的缺失这个层面来反思国际金融危机产生的原因。一种伟大的领导力，必须包含责任意识、担当意识，这样才可能培养出负责任的领导者。然而以美国为主导的全球领导力，过分强调自我成就的导向，忽略了对世界和其他群体的责任与担当，便必然会出现今天人们所说的领导力不足的问题，这是美国式领导力最为人所诟病的一点，也是国际金融危机产生的深层原因。从这个意义上讲，曾国藩所强调的"敬以持躬，恕以待人""己欲立而立人，己欲达而达人""取人为善，与人为善"，在今天的世界上，尤其具有重要的价值。中国文化所包含的大智慧，是可以也应该被纳入全球新领导力的建构的。

《新金融观察》：当代最杰出的新管理大师之一彼得·圣吉的《第五项修炼》在中国卖得非常好。但他说："翻过这本书的人多，真正实践的人少。"他很担心这种"表面知道"和"真正实践"之间的落差。你认为在领导力的本质上，东西方有什么异同？把外来的管理观念移植到本国文化里成长，应该注意什么？

宫玉振：彼得·圣吉的学说包括了很多来自东方的智慧，这是他的理论很容易被中国人接受、认可、欣赏的重要原因之一。人同此心，心同此理，东西方领导力一定有很多相同的东西，尤其在今天全球化的时代，领导力尤其需要国际化的视野。中国的企业要想走出去，必须具有国际化的领导力。但是领导力毕竟是与管理情境、历史传统有关的，因此理解东西方的差异也很重要。简单地说，东方的领导力更重权威、等级，在领导行为上更重自我的约束；西方的领导力更重平等、自我，在领导行为上更重活力的释放。不过二者之间并不一定全是对立的关系。在引进西方管理理念的过程中，不能简单地以一种理念来否定另一种理念。正确的做法是在承认二者之异的前提下，尽量兼取二者之长，在两种文化有机融合的过程中，建构一种既符合中国文化特点，又具有现代取向、符合国际化需要的新式领导力。

《新金融观察》：领导力研究成为近年来学术界和实业界关注的热点问题。有关领导力和管理思想的书籍，中外都有很多，你建议如何挑选这类书籍？

宫玉振：我的建议是读经典。现在是一个信息爆炸的时代，一个人的精力又是有限的，所以要读就读经典。最近几年中国引进了大量的西方经典领导力的著作，可以有选择地挑选一些来读。如果要我给朋友们推荐的话，我愿意推荐詹姆斯·库泽斯和巴里·波斯纳的《领导力》。东方的领导力著作，我建议大家读《论语》《道德经》《孙子兵法》等，至于中国式领导力的集大成者，则非曾国藩莫属，朋友们不妨找相关书籍来读一读。

本土领导力的当代含义[1]

全球化的经济浪潮促使中国领导者对本土文化有更深刻的认知,而中国传统文化也恰恰蕴含着丰富的领导力启示。北京大学国家发展研究院的宫玉振教授早年研习历史与军事,近十年着眼于从历史的角度看管理与领导力。在本刊专访中,宫玉振教授提出"本土领导力,其实是儒法兼顾,法里儒表""企业家无为的前提,一定是企业制度的有为""中国本土领导力最大的缺点,是缺乏创新精神""中国传统宗教需要一场宗教改革运动"等观点。

儒法兼顾,法里儒表

《管理学家》:中国历史上不乏伟大的领导者,中国情境下的领导有自己的文化特色。相对于从西方舶来的理论、观念、故事、现象,我们不妨把这部分知识称为"本土领导力"。您怎么看本土领导力的特点?这对当代的企业家有什么启示?

宫玉振:所谓本土领导力,其实是儒法兼顾,法里儒表。

要了解本土领导力,要先明白其形成的基本背景,即要解决什

---

[1] 本文是《管理学家》编辑阎敏女士对作者的专访,刊于《管理学家》2014年第12期。

么样的问题。历代王朝的天下都是靠武力得来的,也是依靠武力来维持统治的;历代王朝的制度设计,都是以维护皇位的稳固、防止臣子造反为出发点的,即所谓的"居中驭外,居重驭轻"。但如果仅仅是这种防范的关系,就太冷冰冰了。儒家、法家都是为君主服务的。法家从制度上防范造反,儒家从心理上让人臣服,道家则强调无为,让人没有权力的欲望;三方面结合,帝王的地位就稳固了。

尽管目标是一致的,但儒家和法家的人性假设是不同的。儒家和法家在人性假设上的区别,很像麦格雷戈 X-Y 理论的差别。儒家强调人性善,人是有一种向善的可能的,因此是可以通过道德来影响、教化、打动的。《论语》讲"君子之德风,小人之德草",认为君子对小人的感召力,如同风向决定草的朝向。法家认为人性本恶,人的行为是由求利的本性驱动的。法家对管理学的启示是,激励下属,满足其利益需求是第一位的,在道德上要求别人"做好人"是没有意义的。儒家认为"德生力",道德本身就会产生巨大的影响力,法家则强调"力生强,强生威,威生德",有权力就有权威,有权威就有道德。儒家讲究和谐,是温情脉脉的,法家很冷酷,认为人与人之间的关系本质上是一种争夺的关系。如果说儒家更关注人向善的可能,那么法家就更强调人现实的一面。人性的判断是管理学的基础,管理者对人性有了这些基本的判断和洞察,管理行为就会改变。法家为什么讲究制度?因为制度是强制性的,限制人性中恶的一面。儒家讲道德、讲修养,更强调自觉性,发扬人性中善的一面。

在现实生活中,人既有向善的可能,也有求利的本性,所以,管理要把儒家和法家的东西结合起来。如果一个企业老总口头上讲

"企业就是员工的家",实际上财务大权掌握在其亲信手中,他实际上就是在做儒法结合的管理。

《管理学家》:曾仕强有个理念,认为管理基层适用法家,管理中层适用儒家,管理高层适用道家。您怎么看?

宫玉振:这种说法有一定的道理。对不同层次的下属,确实要采取不同的管理理念,因为他们有不同的需求。基层的员工更多的是要满足其基本的生存需求。一个每月工资三千元的基层员工,要考虑吃饭住宿的问题,如果有人肯给他加到五千元,他很可能是会跳槽的。一个企业的核心管理者,月薪已经五万元了,你就是再给他加一万元,对他的诱惑力可能也没有多大。激励基层员工,毫无疑问是要满足其利益需求,给他们看得见的东西,同时在制度上进行严格的要求,法家讲的就是利益制度;中层的管理者上有老、下有小,压力很大,对上要忠,对朋友要义,对下属要爱,所以领导者要在情感方面关心他们,儒家讲的就是仁爱情义;高层管理者利益和感情的需求基本满足了,这时就需要"道",这个"道"主要是要与老板有共同的价值观、共同的愿景、共同的追求。同时,高层管理者要有大局观,对于个人的得失要放下、要看开,道家的理念显然与此更接近。所以说,你提到的分层管理方式尽管是比较粗糙的,但也抓住了一些基本的东西。不过要注意,一方面,对不同层级的管理要有不同的手段;另一方面,这并不意味着其他方面就不重要。像基层的员工固然要以利益为主进行管理,但也需要认同企业的核心价值观。高层的管理者固然要以价值为主,但也需要利益的满足。因此,各个层级的管理,都需要综合运用各家的理念,只

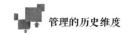

是各家所占的比例不同而已。

《管理学家》：谈领导有时是特指高管。您讲"法里儒表"，但是汉朝皇帝一度推崇黄老之术，现在很多企业家也讲究无为。这个该如何理解？

宫玉振：汉朝一度在文帝·景帝时期用过黄老之术，强调休养生息，其"无为而治"是为了纠正秦朝过度有为的苛政。但这只是一个阶段性的政策。到汉武帝时期，社会的繁荣成为国家有为的条件。对外，他重用卫青、霍去病等人，组建骑兵集团，打败匈奴以保证长治久安；对内，他颁布新法，注重刑罚的作用。对于大国而言，无为只是相对的，有为才是绝对的。

现在的企业必须是有为的，企业家可以无为。但要注意，企业家无为的前提，一定是企业制度的有为。湘军为什么能打仗？就是因为曾国藩建立了一套让将士有为的制度。无为是管理的最高境界，每位领导者都希望做到无为而治，但如果缺乏有效的制度设计，所谓的放权，所谓的无为，只能使企业陷入混乱之中。

曾国藩的朋友欧阳兆熊说曾国藩"一生三变"："做京官时以程朱为依归，办理军务一变而为申韩，咸丰八年再出而以黄老处世。"曾国藩在其人生的不同阶段，遇到不同的问题，自然地做出了转变。这种转变不是用后者取代前者，而是把三者的精髓完美地融合在一起。儒家给曾国藩的是理想和追求，是要做圣贤，要兼济天下；法家给他的是清醒和现实，知道哪些事情可以做；哪些事情不可以做。道家给他的是成熟和灵活，让他变得很从容、很圆融。真正成熟的人，一定是三者的融合。曾国藩正是吸纳了三者的精髓，才留下"三不朽"的功业。

真正的本土领导力一定是融合的，仅靠哪一家的思想是成不了事的。儒家的圣贤，孔子、孟子和荀子多半是思想家，没有真正建功立业；法家中的商鞅、吴起、李斯、韩非子都做成了很多事，但都没有好下场；道家追求的是小国寡民，从管理理念上来说并不太适用于大的组织。谭嗣同说："中国两千年来之政，秦政也。"法家虽然名声不好，但管用。在实际管理中，领导者一般以法家为本，不断地根据实际情况来调和这个比例。

内圣外王，修己安人

《管理学家》：中国经济进入新常态，互联网的冲击都要求领导者有更强、更快的学习能力。在这样的时代，企业家该如何"修己安人"？

宫玉振：互联网的冲击确实很大，同时也造成了一种浮躁的心态。人性有超越时代而不变的东西。人性不变，管理最深层的东西也是不变的，这也是我们今天谈本土领导力的意义所在。"修己安人"对我们的启示是，在浮躁的时代、快速变革的时代更要把握自己的内心和节奏，这样才能定下来、静下来，不会做出错误的选择。当大势来的时候，人们最容易被冲得浮起来而失去自我。我们说"守正出奇"，守得住，才能展得开。守正，就是守住一些商业世界中最基本的逻辑和原则；出奇，就是要把握大势，要敢于创新；守正才能出奇，出奇不是没有根基的出奇。在互联网时代，商业依然是以产品为核心的。产品永远是商业的本质，如果抛弃了本质，所有的花样都是泡沫。这是一个容易出现泡沫的时代。孔子在礼崩乐坏的

时代依然坚持自己的价值追求,这种精神依然值得我们学习。

我们这个时代发展得很快,机会很多,人很容易浮躁起来。领导者更要加强心性的修炼,有所为有所不为,放弃机会主义的做法。从长远来看,所有的机会主义都会失败。人都有求利的本性,商业又是追逐利益的世界。但是利益有短利和长利之分,一时的暴发并不意味着长远的成功。真正有企业家精神、有事业心的人,会放弃短期行为。因为这会让你偏离事业的主体、掏空你的根基,所有的泡沫最终都会破裂。在我们这样一个快速变革的时代,企业家尤其要沉得住气、定得住心。

《管理学家》:如果概括一下,本土领导力最主要的特点是什么?

宫玉振:中国本土领导力最根本的特点还是"内圣外王"。中国传统文化的重心,强调的是"修己安人""内圣外王""有体有用"。在中国人看来,领导者必须具备"圣""王"的双层资格:有"圣"人修己之体,然后才能为"王"者治人之用。中国人讲"修身、齐家、治国、平天下",修身是齐家、治国、平天下的前提,也就是说,内在品格的养成是领导力成长的前提。用最通俗的话说,就是先学做人,后学做事,做人是领导力之本。

《管理学家》:在不确定的商业环境中,如何发挥本土领导力的优势,抑制其劣势?

宫玉振:中国本土领导力最大的不足,是创新精神有所欠缺。儒家讲"苟日新,又日新,日日新",其实更多是针对自我修养的。中国本土领导力的成长环境是农耕社会,而且是大一统的帝国,缺乏对外部世界的探索与冒险精神。孔子不语怪力乱神，道家声称"六合之外，存而不论"，郑和下西洋是出于政治目的而不是经济驱动。西方发现了美洲，中国却在关起门来过日子。在全球化的时代，我们必须认识到本土领导力的不足之处。中国人讲尊卑有序，很多企业家在企业里读《弟子规》，还是希望人人都能够尽其本分。西方文化强调平等、自由、个性、张扬，这在中国传统文化里是得不到鼓励的，一定程度上也妨碍了创新。所以在全球化时代，我们期待形成一种新的领导力，它既是本土的又是现代的，在继承中发展。中国文化本身也是一种动态发展的过程。我们从传统文化里取经，并不是把传统文化完全照搬过来。

在一个平等、开放、创新的时代，企业家必须有开放的心态。中国古人认为，天下是天下人之天下，从战国时期的《六韬》到明清之际的黄宗羲都有关于这种理念的阐述。拿到今天的企业环境中，就是指企业家也需要更大的胸怀。领导者是组织的核心，领导行为的本质就是要处理"人"与"我"的关系。领导力的突破过程，其实就是一个突破自我的过程，就是一个打通"人我"、融汇"人我"的过程，就是走出小我、成就大我的过程。做企业不仅仅是做企业，也是心性成长的过程。实际上，企业最终还是属于社会的。天下是天下人之天下，用到企业的层面就是说，企业家进行经营，不要着眼于自己的私利，企业其实是天下的公器。企业家应该有一种天下的情怀，将企业打造成一个员工共同的事业发展平台，让所有人共同分享企业发展所带来的回报。这样的企业家，才可能真正成就大的事业。

《管理学家》：现在的"80后""90后"员工可能刚刚进入企业，就希望知道组织存在的价值与意义。如果他们对答案感到不满，可能就会跳槽。中国传统文化中"尊卑有序"的格局也许会受到挑战。您怎么看"80后""90后"员工的管理？

宫玉振："80后""90后"追求的价值可能与他们的前辈不同。每个人身上都带有时代的烙印。20世纪五六十年代成长起来的人，受集体主义的影响比较大，你跟这一代人谈忠诚、谈奉献、谈服从，他们往往是会有强烈的共鸣的。80年代改革开放，以经济建设为中心，这一时期成长起来的"80后"，更多的是考虑物质上的直接回报。而"90后"的员工，成长于中国开始进入丰裕社会的时代，生存已经不是问题，这一时期成长起来的年轻人没有那么多包袱，更多地追求内心的感受、追求自我的意识，自我实现的需求非常强烈，高兴就好，想做就做，希望自身价值能够最大化，不会为了企业的目标和父辈的期望而委屈了自己。比如喜欢玩游戏的年轻人，加入一家游戏公司就会感觉非常快乐，虽然父辈们未必理解和认同。

一些新兴的互联网企业，其管理在我们看来可能像幼儿园一样，没有等级制，让大家快乐工作、秀出自己。时代的冲击力不可忽视，传统的本土领导力是会受到这种文化的冲击的。领导力、文化的建构，不是理论问题，更多的是实践问题。我们说"年轻人永远是对的"，因为他们代表未来。但是同时我们也可以看到另一种趋势，就是很多年轻的"90后"在追求自我的过程中，反而对传统文化也很感兴趣，你看他们的汉服展现，他们的角色扮演（cosplay），也是很有趣的。他们希望有"我是谁"的自我认知，希望有个性。

其实他们对传统文化更多的是"为我所用"。传统文化中的一些元素，成为他们张扬自己个性的元素，这其实也是本土领导力未来的发展方向。

可以感受、可以学习的领导力

《管理学家》：您认为领导和管理的不同之处在哪里？领导者应该如何来拿捏？

宫玉振：其实学者在这方面已经有过很多论述。领导更多的是面向未来的变革，管理更多的是解决现实的问题；领导更多的是对人，管理更多的是做事；如果一个组织只有管理没有领导，那它最多只能维持常态。领导者是着眼于未来的，是要突破现状的，是带领组织往前走的。

当然，也不能将二者截然分开，高层次的领导者也可能是个管理者，普通管理者也需要具备领导力。经常有人把二者对立起来，不过在我看来，领导力一定要融在管理过程之中，没有领导力的管理是要失败的。

作为领导者，你必须懂得设计一套合理的制度，还要打造组织的文化，包括关注现金流、人力资源，制定战略。这些其实都是管理的范畴，但是领导者可以授权给他人一起来做事，并赋予组织强大的愿意，也就是使众人行。这里面体现的就是整合在一起的领导力。

《管理学家》：如何判断某位领导者是否具有领导力？

宫玉振：看一个人有没有领导力，最现实的标准可能就是看其结果。领导力是藏不住的，有领导力的人自然可以形成一种感召的力量。领导力也有很多种：有些人的领导力就是一种气场，大家都能感受到；另一些人可能很沉静，但可以把企业做得很好，他们的领导力需要时间来证明。领导力与管理、打仗的道理是通的，都是要靠结果来说话的。当然，如果领导力不能随着情境变化而发展，也可能会遭遇失败。所以，领导力也是动态的，是需要不断突破的。领导力有三个要素：领导者、情境、追随者。中国的情境、追随者决定了本土领导力在中国社会中的作用。在现今的中国，有时组织的发展远远快于团队的能力，远远超出领导者的能力，因此领导者必须终生学习，不断地发展自己。

《管理学家》：领导力是可以学习的吗？您在讲授领导力课程的时候如何因材施教？

宫玉振：可以打一个比方，钻石的形成有三个条件：碳元素、热量、压力，三者缺一不可。碳元素对于钻石是基础，就像特定的领导力天赋构成特定的领导力的基础一样。但是光有碳元素还不够，还要有热量和压力，对于领导力的发展来说，就是学习与实践。不得不承认的是，有些人更适合做专业技术人才，有些人更适合做管理人才；有些人天生就有商业的直觉，有些人天生就适合跟人打交道。不具有特定的领导力天赋的人要去开发特定的领导力是很困难的，所以领导者一定要认清自己，知道自己的能力和特点。但是具备一定领导力天赋的人如果不学习和不付诸实践，同样也无法充分施展出领导力。领导力的内涵有很多，譬如一个人的格局、视野、胆略、冒险意识、直觉，这些东西大多需要在学习与实践中去开发和提升。通过与更多的人交往、读更多的书、学习更多的案例和理论，以及经历更多的历练，就可以提升自己的境界和格局，提升自己的领导力。

我在授课的时候会留心群体特点。与学者交流和与企业家交流是不同的。企业家们有自身的特点，我会去了解他们的教育背景、年龄等，来调整我讲课的思路和节奏。不同的企业家的理解能力是不一样的，有些企业家的教育背景好，理解能力强，就可以多讲一些理论；有些企业家的教育背景不是特别好，但实践经验丰富，就可以讲一些案例或故事，用鲜活的案例阐述深刻的道理，会更容易得到共鸣。教授可能掌握很多理论，但理论一定要经过转换的过程。好的课程可以做到"深者不觉其浅，浅者不觉其深"，关键是要善于用最易懂的语言讲出最有启发意义的道理。

中国需要一场宗教改革运动

《管理学家》：有一种流行的说法认为，中国之所以出现食品安全等问题，是因为中国人没有信仰。事实上，根据皮尤论坛 2010 年"世界宗教图景"的评估，有一半的中国人是有信仰的，包括基督教、佛教和大量民间宗教。您怎么看这个问题？

宫玉振：关于中国目前的宗教信仰，我们可以从两个角度来看。中国确实有丰富的宗教信仰资源，你看过去的田间地头、街头巷尾、城里城外往往有土地庙、观音庙、关帝庙、城隍庙，等等，今天也有很多寺庙、道观在重建或新建。应该说，几乎所有宗教都是宣传扬善惩恶的，都有相当强的教化作用。但是，从另一方面看，中国的宗教有一个非常突出的特点，就是大部分宗教是世俗化的。很多人烧香拜佛，是追求现实的回报，如消灾、弥祸、求官、求子、求财，等等。这就使得人们对到寺庙里拜佛与到官府里送钱的心态是一样的，都是出于现实的需要，把信仰变成了交易，这其实不是真正的信仰。有宗教，无信仰，无疑就弱化了宗教的神圣性。今天的西方人到教堂里去，主要是求得心灵的净化和精神的超越。中国的宗教从某种意义上说，需要一场改革运动，需要实现从追求现实回报到追求精神超越的转变。这样宗教才能重新在人们心中有神圣的地位，从而更好地起到净化人心、重建价值、规范行为的作用。

一灯照隅，万灯照国：
从纵横坐标中寻找中国商道的当代定位[1]

改革开放三十余年来，中国经济取得了突飞猛进的发展。今天的中国已经超过日本稳居世界第二大经济体，人们正在探讨中国的经济总量何时超过美国成为世界第一，相信这只是时间问题而已。今天没有人会愚蠢到无视中国经济的力量，但一个现实是，在世界范围内，中国企业只是受到重视，却并没有得到真正的尊重。

当代中国商业力量的发展路径，我们可以用冯仑先生那部著名著作的题目来概括："野蛮生长"。追求财富的冲动是今天这个社会进步的基本动力，权力和金钱成为我们这个时代运转的中心，世俗、浮躁、迷茫、功利、不择手段，成为我们这个时代许多企业和商人的群体画像。精神的空心化成为这个时代最突出的特点。

国家发展的历史表明，发达的物质文明必须有相应的伦理体系和价值信仰来支撑，马克斯·韦伯在解释西方资本主义的兴起时认为，是新教伦理构成了西方兴起的精神资源；是新教演化出了一套关于财富和市场的伦理，才形成了西方的市场经济，并有了今天西

---

[1] 本文刊于"新华网·思客"2015年9月20日，系作者在北京大学BiMBA商学院东方战略与领导力中心成立典礼上的致辞。

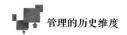
管理的历史维度

方文明的辉煌。

的确,没有信仰指引和约束的经济,只会演变成欲望的狂欢。而欲望就像海水一样,你喝得越多,就越口渴。单纯的物质欲望一旦得到满足,在人们心中所留下的往往只会是更大的空虚和焦虑。

对于企业来说也是如此。没有信仰的企业不会有凝聚力,没有价值的企业家就会成为投机者,缺乏明晰的方向。即使精于算计、苦心经营,也无法走得长远。今天的企业家,其实是商道紊乱最大的受害者。

伟大的企业背后一定要有伟大的价值追求,清晰的价值观才会给企业提供明确的方向和持续的动力。今天每一个中国企业家都应该问这样一个问题:中国市场经济的神殿究竟在哪里?中国经济发展的精神资源究竟是什么?中国商人的精神和价值取向,究竟指向何处?什么才是中国企业应该构建的商道?

我们梳理一下新中国的发展历史,会发现一个非常有意思的现象。以30年为一个周期,新中国成立后的发展明显表现出阶段性。如果1949—1979年是以政治为中心的时代,1979—2009年是以经济为中心的时代,我们取得了经济的飞速发展,创造了所谓的"中国奇迹",那么2009年以后,中国的发展已经进入以价值重建为中心的时代,信仰和价值体系的重构必将成为未来30年中国社会发展的主题。对于企业家来说,未来的30年,则必将是在掌握巨量的物质财富之外,发展出可以使中国的企业赢得世界认同、接受和尊敬的新商道的时代。

那么,我们如何去构建当代中国的新商道?在我看来,我们应该从纵横两个坐标,去寻找当代中国商道的定位。

从纵向的坐标来说，是继承中国文化传统的精华。中国的商道，无法也不应该脱离5 000年的文明积淀。博大精深的中华文明，必然会给中国的商道建构赋予独特的灵魂与气质。中华文明中的天下意识、济世意识、责任意识、家国情怀、包容心态以及道德追求，都是已经浸入中国人骨子里的东西，也是中国人生命体验不可缺少的组成部分。中国有"己所不欲，勿施于人"的自律，有"己欲立而立人，己欲达而达人"的抱负，以及"为天地立心，为生民立命，为往圣继绝学，为万世开太平"的情怀。它们必将成为建构中国当代新商道、滋养中国当代商业文明的源头活水，成为当代中国新商道的生长点。

从横向的坐标来说，是拥抱西方商业文明的成就。中国企业正在走向世界，中国历史上能够出现汉唐盛世，就在于对外来文明的兼收并蓄，在此基础上形成了更新、更高的文明，并赢得了四海归心。"天下者天下人之天下也"，天下归心的前提是你得发展出具有全球意义的价值体系。要想成为全球的商业领袖，就必须拥有全球的视野，对接全球的价值，接受现代化和全球化的文明的洗礼。在此基础上，我们才能建构起为天下所认同和接受的商业文明。建构具有世界意义的商业文明，将是我们富有尊严地进入全球主流商业世界的最好的入场券。

在汉唐盛世之后，今天我们再次走到了东西文明融合交汇的时代。这是重塑中国的商业文明、展现中国人的天下胸怀与价值追求的最好机会。在时代的交汇点，在纵横两个坐标中，找到我们在人类文明中的定位，是我们这一代人的天命。我们要继承传统，更要完成传统的现代转变；我们要借鉴西方，更要进行文明的创造性建构。这一代的企业家，每个人都注定是在书写中国商业文明的历史。

马克斯·韦伯曾经说过，一个国家之所以落后，往往不是由于其民众落后，而在于其精英落后。构建中国的新商道，需要大师的智慧，需要学者的思考，更需要企业家的参与。政治家、知识分子、企业家是推动历史进程的精英力量，而企业家则是商业文明的探索者、推动者，以及最重要的，践行者。

在中国市场经济的建设中，我们把未来的希望寄托在商界精英身上。一个人的影响总是有限的，但一灯照隅，万灯照国，我们可以用自己微弱的内心之火与信念之光，去照亮周边的世界，去吸引更多的人参与这一伟大的事业，去一步步地影响中国商业文明的发展。梁漱溟先生的父亲曾经问："这个世界会好吗？"只要我们每个人都担负起自己的使命，这个世界一定会好起来的。

近代以来的历史表明，商业文明是引领人类进步的主要动力，是塑造社会形态的主要力量。市场经济、科学技术、民主政治、个人权利，以及契约精神、自治精神、创新精神、互利精神、平等意识，都是从商业世界的价值规范转化成整个社会的价值追求的。推动中国商业文明的建构，就是在推动中国的进步，在改变中国的面貌。多少年以后人们会说，瞧，这就是那个时代最令人敬重的一个群体，因为就是他们站在过去与未来之间，引导了中国社会的走向。正是他们的价值追求，构成了大国崛起的精神支撑。

此心光明,世界便一同光明[1]

各位老师、各位同学、各位来宾:

感谢姚洋院长和各位老师给我这样一个代表教帅发言的机会。

亲爱的同学们,祝贺你们顺利毕业了!很高兴能够分享你们毕业的快乐,相信今天所有的老师都像自己毕业一样欣喜与自豪。我们自豪的是,国发院毕业的研究生是中国最好的研究生,BiMBA 商学院毕业的 MBA 和 EMBA 是中国最好的 MBA 和 EMBA。不管你们信不信,反正我是信了。

说句实话,我是硬着头皮接下在毕业典礼上发言这个活儿的。以往的毕业典礼发言,有那么多的大师,那么多的智慧,他们的话更值得你们去用心倾听。所以我今天的发言会尽量简短。

我想说的第一句话是:继续求知若渴,也要学会放下自己。

恭喜你们,你们在国发院受到了最好的经济学、管理学和工商管理教育,然而正如苏格拉底所说的:"我唯一知道的事,就是我一无所知。"课堂上所能学到的知识只是这个世界很小的一部分。要承

---

[1] 本文为作者在 2015 年北京大学国家发展研究院研究生和 MBA/EMBA 毕业典礼上的发言,刊于"新华网·思客"2015 年 6 月 20 日。

管理的历史维度

认自己的局限,虚心地对待未知,保持好奇,持续学习。

你们学了很多模型、公式,掌握了很多分析工具,但这些只是帮助你们理解世界的途径。它们不是世界本身。真实的世界永远比理论复杂。不要因为手中有了锤子,满世界看到的就都是钉子。过于陷入抽象的理论,反而会使人失去对真实世界的感受能力。

从明天开始,评判你成绩的不再是在座的教授们,而是你的领导、你的同事、你的下属、你的客户。他们很可能没有MBA学位,也不是经济学博士,但他们对真实的世界很可能比你有更深刻的认识。

放下自己,暂时丢掉你的模型和工具,用他们听得懂的语言跟他们交流。不要让他们有太多的"不明觉厉"。用简单的语言说清复杂的问题,才是真正的本事。放下自己,你会成为更好的自己。

我想说的第二句话是:接受世界的复杂,也要守护内心的价值。

学校是相对单纯的,对就是对,错就是错。但现实中既有伟大的情怀,也有利益的算计。世界是复杂的,人性是复杂的。同一个人做事,往往既有高尚的追求,也有卑俗的动机。二者往往是糅合在一起的。这就是世界的本质,这就是人性的本质。没有完美的世界,也没有完美的人性。明朝的吕坤曾经说过这样一句话:"恕心养到极处,只看得世间人都无罪过。"接受现实,你才有机会改变现实。在现实的世界中去感受人性的复杂,是你们毕业以后的第一课。

我们所能做的,是包容这个世界,同时引领这个世界。这就需要在适应现实的同时,坚持自己内心的价值。

我们刚刚进入社会的时候,往往都带着纯朴的理想。在现实面前撞个头破血流后，往往又会或愤世嫉俗，或随波逐流，自己还认为是读懂了人生。其实真相在二者之间。没有信仰，人就会成为投机者，即使精于算计、苦心经营，也无法走得长远。清晰的价值观才会给你的人生提供明确的方向和持续的动力，使你不会因为内心的纠结而虚度时光，或者因为一时的挫折而放弃自己。

毛泽东年轻的时候非常佩服曾国藩。他说这个世界上有两种人，一种是"办事之人"，能把事情做成；一种是"传教之人"，能传播一种教义、践行一种价值。他说曾国藩是典型的"办事兼传教之人"，而且是通过"传教"把事情给做成的。其实毛泽东也是典型的"办事兼传教之人"。历史上那些伟大的领导者，无一不是通过坚持、践行和传播清晰的价值来使众人行，从而成就伟大的事业的。

人是现实中的人，但正直、诚信、良知、担当，在任何时代都有打动人心的力量。我们要做的，是在一个复杂的世界中看到人性的光辉，在一个苟且的世界中坚守自己的品格，在一个混乱的世界中保持内心的清澈，在一个机会主义的时代里找寻信仰的意义。因为此心光明，世界便一同光明。在纷繁之中守护内心的价值，这是每位国发院人都应该具有的高贵品质。

我想说的第三句话是：不断追求成功，也要学会感受生活。

想想你们几年前进入国发院，一定是带着梦想、带着憧憬。你们希望有更好的未来，希望有不一样的人生。幸运的是，我们遇到了中国机会最多的时代。这是个千载难逢的成就事业的时代，这是个没有野心就是在浪费生命的时代。所以去追求成功吧，不要辜负了自己和这个时代。

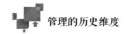
管理的历史维度

不过,当我们不断追求事业成功的时候,也不要忘记感受生活。

我是学历史出身的,可能是读了太多的历史的缘故我从历史中得到的一个感悟是:所有的辉煌都会过去。

我们都知道李斯这个人,李斯是千古一相,后来因为赵高的陷害而被处死。据说临受刑的时候,李斯回头对同赴刑场的儿子说了这样一句话:"在秋高气爽的日子,我想再和你牵着黄狗,一同出上蔡的东门,去快活地追逐野兔,也哪里还有这个可能呢?"

当英雄迟暮之时,或许正是那些微不足道的细节才是生命中最美好的回忆。再功利的时代,也不要忘记与自己的心灵对话,倾听自己内心的声音,感受生命中的点点滴滴。

我很喜欢美国著名摄影记者罗伯特·卡特说的一句话:"像蚂蚁一样工作,像蝴蝶一样生活。""每一个不曾起舞的日子,都是对生命的辜负。"这话是尼采说的。生如夏花之绚烂,你首先要有绚烂的心境。用心感受每一天,把握住生命的鲜活、自由与丰满,这其实是我最想跟你们分享的体会。

各位,在最美好的时光我们相遇,不要忘记我们一起走过的日子。人生就是一段一段的旅程,我在这里真心地祝福你们,祝你们走出朗润园后有更广阔的世界,以及更精彩的未来。无论走得多远,请记住国发院,记住 BiMBA,记住这里的快乐与忧伤,这里的梦想和希望。这里是你们心灵的故乡。记得多回来看看。因为你们回,或者不回,你们的心,都在这里。

谢谢大家!